找到一种物质文明和非物质文明的起源，无异于获得一把打开和解读物质世界和精神世界的钥匙

屏声敛气走进历史的地下层、文化的深水区，钩沉出诗意的碎片，打捞上史剧的绝响

民间文化起源地探源与文化创意产业研究

刘德伟
李竞生
 著

知识产权出版社
全国百佳图书出版单位
—北京—

图书在版编目（CIP）数据

民间文化起源地探源与文化创意产业研究 / 刘德伟，
李竞生著 . —北京：知识产权出版社，2021.8
ISBN 978-7-5130-7648-7

Ⅰ . ①民… Ⅱ . ①刘… ②李… Ⅲ . ①民间文化—研
究—中国②文化产业—产业发展—研究—中国 Ⅳ . ① G12

中国版本图书馆 CIP 数据核字（2021）第 166312 号

责任编辑：宋 云 王颖超   责任校对：谷 洋
封面设计：北京麦莫瑞文化传播有限公司   责任印制：刘译文

民间文化起源地探源与文化创意产业研究

刘德伟 李竞生 著

出版发行：知识产权出版社有限责任公司	网　　址：http：//www.ipph.cn
社　　址：北京市海淀区气象路 50 号院	邮　　编：100081
责编电话：010-82000860 转 8388	责编邮箱：songyun@cnipr.com
发行电话：010-82000860 转 8101/8102	发行传真：010-82000893/82005070/82000270
印　　刷：三河市国英印务有限公司	经　　销：各大网上书店、新华书店及相关专业书店
开　　本：720mm×1000mm　1/16	印　　张：13
版　　次：2021 年 8 月第 1 版	印　　次：2021 年 8 月第 1 次印刷
字　　数：150 千字	定　　价：68.00 元

ISBN 978-7-5130-7648-7

作者简介

刘德伟，毕业于北京大学哲学系。现任中国文联民间文艺艺术中心副主任、编审，上海大学兼职教授。曾任《民间文化论坛》杂志社社长兼主编、中国民间文化遗产抢救保护中心主任、中国西部研究与发展促进会常务理事、中国文艺评论家协会理事、中国大众文化学会理事、中国民协中国起源地文化研究中心智库专家委员会主任。近年来主要承担非物质文化遗产抢救保护和理论研究、中国民协专业委员会建设管理、中国民间文化艺术之乡建设管理、民间文艺创作和培训、民间文艺志愿服务等工作。承担"中国民间文化遗产抢救工程"相关出版工作的选题策划、学术研究、编辑审核、田野调查等工作。组织编撰《中国民间故事全书·县卷本》《中国民间故事丛书·县卷本》《中国民间文化艺术之乡丛书》《中国蓝印花布文化档案》《中国历史文化名城·名镇·名村丛书》《中国传统村落立档调查图典》等。组织发起民间文化起源地探源工程，担任《中国起源地文化志系列丛书》总主编。在相关报纸、杂志发表新闻作品、学术论文和田野调查报告多篇，著有个人文集《享受台风》，编著有《中国旗袍文化·沈阳卷》《中国葫芦文化·天津宝坻卷》《中国精卫文化·山西长子卷》等。

　　李竞生，毕业于北京大学，现为中国民协中国起源地文化研究中心执行主任、中国西促会起源地文化发展研究工作委员会主任、起源地城市规划设计院院长、起源地文化传播中心主任、中国民间文艺家协会会员。兼任北京大学科技园创业导师，宁夏回族自治区中宁县人民政府、河北省宽城满族自治县人民政府、山西省长子县人民政府等地文化产业顾问，入选2017年、2018年、2019年中国文化产业年度人物100人，2021年度中国产业研究青年学者百强。主要研究领域为起源地文化、文化创意、文化产业、文化旅游、知识产权、品牌策划、品牌管理、乡村振兴等。主要作品有《中国起源地文化志系列丛书》之《中国旗袍文化·沈阳卷》《中国葫芦文化·天津宝坻卷》《中国精卫文化·山西长子卷》《天妃文化在宁波》《中国起源地名录》《蒙学十三经》《蒙学五经》《满族文化美食四十九道馔》等。

序一
欲流之远者，必浚其泉源

万事万物皆有源。

每一项历史存在的来龙去脉缘聚缘散，都不是简单的花落花开云去云来，而是蕴含着复杂的因果必然。

那个"我从哪里来"的亘古命题，至今仍有诸多谜团有待破解。今天，人类总是在不断发现中不断接近自我的本来真相。研究起源文化正是要揭开一个个神秘的历史悬案的面纱。

源头起点蕴含着丰沛的原动力。从源头中汲取智慧的营养，把握事态的端倪和变化发展的轨迹，透彻地观照历史走向的规律，可以更好应对现实要求和社会变迁。

"往古者，所以知今也。"一个民族要敬仰自己的先贤，敬畏自己的历史，要记住和珍视自己从哪里来。不知道从哪里来，就不知道向哪里去，不了解自己的历史，就无法面向未来。

中国人素有认祖归宗的文化传统和追根溯源的民族特质。这是我

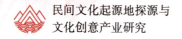
们这个古老民族的美德和智慧，也是中华文明几千年薪火相传、文脉不断的根本缘由。

一片能够孕育出文明的土地，就像是一个有着鲜活生命的机体存在，自有其精神灵性的飞动，如同一个有着时间与空间的历史孵化器，成为这一地域人类文化的生命摇篮。

每个地域都会生长出自己的精神，从而造就出这里的人独特的个性气质，成为这里人的族群的生命之花朵的陈酿。

每当一种文化诞生后，都会带着一根隐形的剪不断的脐带，那就是与他生死相连的源自起源地特有的血缘基因，并会终生都鲜明地体现出文化的籍贯与烙印，以及永远都抹不掉的胎记，成为一条不竭的文化脉动。

所谓"以古为鉴，可以知兴替"，历史是过去的现实，起源是历史的发端，所有现实的飞舞，都是历史的化蝶。起源的活水在，历史就是活着的；历史是活着的，现实就仍会生发着勃勃生机。

"问渠那得清如许，为有源头活水来。"对于那些已然消逝的过去和模糊的曾经，无论是盛世荣光还是乱世哀鸣，都有着必然的历史规律，挖掘出掩埋在古老时光中的那些宝贵的成因以及经验和规律，以之馈赠给今天的人们，无疑有着重要的价值和意义。因此找到和知道源头尤为重要。

中国人历来以自己有悠久的历史和光辉的古代文明而感到自豪。但这个文明究竟是什么时候起源的，在世界文明史上又占有什么地位，以前我们很少深究。

欧洲文艺复兴时期，知识精英们回望了先祖的文化，他们回到了古希腊、古罗马，去汲取他们的祖先给予的力量，从而开创了欧洲文化的新纪元，也实现了人类文明的新发展。今天的中国何尝不是进入了这样的一个新时代呢，是不是也应该酝酿和亟须一次来自亘古动力的伟大复兴呢？

在文化面前我们应该是谦卑的；在起源面前我们应该是敬重的。探寻起源文化需怀有一颗敬畏之心，毕恭毕敬地弯下腰来，沉下心来，轻轻地拂去时间的落垢尘埃，掬水映月，小心翼翼地触摸和捧奉，屏声敛气走进历史的地下层、文化的深水区，钩沉出诗意的碎片，打捞上史剧的绝响。

世事沧桑，弹指千年。或许人类对远古文明的起源记忆和线索，很难从文书典籍或书本课堂里获得，只有走出书斋深入生活，走进民间去洞悉那些来自农家的土炕上、乡村的田野里，以及源自遥远的历史进程中带着泥土气息和乡音的传说和故事里去探寻和挖掘。

"礼失求诸野"。当我们以科学的态度去探索和诠释那些无法触及、很难追溯、不可思议的古老文明时，你会发现有一条民间的线索仍在延伸着，传承着，诉说着与此相关的，具有鲜活生命印记的许多优美传说。而这些都可以作为我们探寻起源地文化的佐证。

《民间文化起源地探源与文化创意产业研究》在田野调查、文字记录、图片拍摄和音频视频等信息采集及查阅大量史料的基础上，形成了中国起源地文化研究课题成果，力求紧扣区域特色，彰显民族民间文化多样性，多维度、多向度、全方位、全景观地展现起源地文化风貌，以

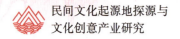
及新时代人文精神的宏大历史背景和微观叙事。以客观、科学、理性的态度记录、梳理、传承、发展、传播各物质、非物质文化的起源。

"欲流之远者，必浚其泉源"。探明文化的积淀"库存"，开掘文化的富矿资源，用好文化的起源活水，激发文化的凝心聚力、成风化人的独特作用。我们就一定可以发时代之先声、开社会之先风、启智慧之先河，让古老的文化促进当代社会的变革前进和国家的兴旺发展。功莫大焉。

二〇二〇年十月

（作者系中国民间文艺家协会顾问，中央文史研究馆特约研究员）

序二
不忘初心正本清源　融入时代创新发展

对起源地文化的探究，会让一个民族寻回自身的文化基因，从文化中获得警示，从文化中汲取力量，从民族根性文化和起源地文化之中去挖掘原生的动力和潜力，而后则能够得到再创造、再发现、再前进的源发性活力与动力。

摆在读者面前的《民间文化起源地探源与文化创意产业研究》一书，在田野调查、文字记录、图片拍摄和音频视频等信息采集及参阅大量资料的基础上，通过系统的理论思考，紧紧结合文化创意产业实践，形成了一系列民间文化起源地文化研究的成果，多维度、多向度、全方位、全景观地勾勒出民间文化起源地研究的概念、内容、分类、方法、原则，并建构出与之密切相关，在文化创意产业实践中发挥主导作用的民间文化起源地知识产权体系、民间文化起源馆、民间文化起源地信息数据标准体系、起源地文化品牌工程、起源云智慧平台等具备文化产业操作价值的模型。应该说，这是一本传统文化抢救保护、挖掘整理、继承弘扬与文化创意产业相融合，内容与方法俱

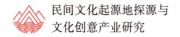
备，理论与实践结合，颇具创新思维的作品。

本书是民间文化起源地探源与文化创意产业研究的前沿著述，民间文化起源地探源与文化创意产业是增强文化自信的重要内容，也是近几年全国发展文化产业的重点之一。本人在该领域的理论与实践结合方面也做了很多探索尝试。

《"十四五"文化和旅游发展规划》明确指出，"深入研究中华文明、中华文化的起源和特质，形成较为完整的中国文化基因的理念体系。实施中华文明探源等工程，加强体现中国文化基因的非遗项目保护，深化中华文明探源研究，实施中华文明起源与早期发展综合研究"。为起源地文化和起源地文化产业发展指明了方向，为我们以后的工作开辟了道路。这也更加明晰了起源地文化和起源地文化产业为我国社会主义文化强国建设，为文化事业、文化产业和旅游业的高质量发展，为人民精神文化生活的日益丰富，为中华文化影响力的进一步提升、中华民族凝聚力进一步增强，从而使文化事业、文化产业和旅游业成为经济社会发展和综合国力竞争之强大动力和重要支撑的重要意义。

万事万物皆有源，"源"即初心、使命。发展起源地文化的核心在于发展起源地文化产业，起源地文化产业的核心在于满足人民对美好生活的向往。

文化产业的本质是"一鱼永吃"和"一鱼多吃"，关键是要做一组具有内在逻辑的自带"粉丝"的起源地品牌，即故事品牌、形象品牌、产品品牌和企业品牌。起源地文化产业是当今人们生活方式所体现的传统文化元素和创新元素的融合，是满足大众精神、物质需求的重要载体，跨界融合是起源地文化产业的趋势，以"起源地文化 + 旅游 + 产业开发 + 互联网 + 科技"，或者以"起源地文化品牌 + 品牌 + 生活方式"，提升起源地文化产业发展质量，方能使起源地文化产业融入美好生活当中。

越是民族的就越是世界的。起源地文化既有特殊性又有普遍性，开掘起源地文化的富矿资源，用好文化的起源活水，激发文化的凝心聚力的独特作用。越具起源地文化特色的产品会越受欢迎，所以，起源地文化产品走向世界，需要打造具备大众普遍需求功能和起源地文化特色兼备的产品。

找到一种物质文明和非物质文明的起源，无异于获得一把打开和解读这种物质世界和精神世界的钥匙。我曾应邀参加民间文化起源地的学术考察研讨活动，深感这一领域的内容丰富，天地广阔，无论是学术研究还是文化产业实践，都蕴藏着巨大的潜力，大有可为。在祝贺作者的同时，更为作者找到了一把打开起源地文化奥秘之门的钥匙而欣喜。

是为序。

陈少峰

二〇二一年六月

（作者系北京大学教授、博士生导师、国家文化产业创新与发展研究基地副主任、北京大学文化产业研究院副院长、中国起源地智库专家、总策划师）

目录

近年来，文化起源的重要性得到社会各界高度重视。 2016 年 11 月 30 日，中共中央总书记习近平在中国文联十大、中国作协九大开幕式上的讲话中指出，中华文化既是历史的、也是当代的，既是民族的、也是世界的。只有扎根脚下这块生于斯、长于斯的土地，文艺才能接住地气、增加底气、灌注生气，在世界文化激荡中站稳脚跟。正所谓 "落其实者思其树，饮其流者怀其源"。我们要坚持不忘本来、吸收外来、面向未来，在继承中转化，在学习中超越，创作更多体现中华文化精髓、反映中国人审美追求、传播当代中国价值观念、符合世界进步潮流的优秀作品，让中华文化以鲜明的中国特色、中国风格、中国气派屹立于世。

2017 年 5 月 14 日，国家主席习近平在 "一带一路" 国际合作高峰论坛发表重要讲话时指出："儒家文化起源中国，受到欧洲莱布尼茨、伏尔泰等思想家的推崇。这是交流的魅力、互鉴的成果。"

2020 年 5 月 21 日，国家主席习近平在向"国际茶日"系列活动
致信中指出，茶起源于中国，盛行于世界。联合国设立"国际茶日"，
体现了国际社会对茶叶价值的认可与重视，对振兴茶产业、弘扬茶文
化很有意义。作为茶叶生产和消费大国，中国愿同各方一道，推动全
球茶产业持续健康发展，深化茶文化交融互鉴，让更多的人知茶、爱
茶，共品茶香茶韵，共享美好生活。

2019 年 1 月 29 日，中共中央宣传部、中央文明办印发通知，部
署开展 2019 年传统节日文化活动，指出要强化示范引领，在传统节
日及相关传说起源地等区域打造一批传统节日活动示范点，以点带
面、多点成线，整体推动传统节日文化活动提升水平、形成声势。

2019 年 6 月 5 日，中共中央政治局常委、国务院副总理韩正出席
2019 年"世界环境日"全球主场活动。韩正指出，今年世界环境日
主场活动的举办地中国浙江，是习近平主席提出的"绿水青山就是金
山银山"理念的起源地和率先实践地。在这里举办主场活动，对提高
各国人民的环境意识，推动全球环保事业发展，具有重大理论和实践
意义。

近年来，民间文化起源地探源工程紧紧围绕"探寻中华起源，增
强文化自信"这一宗旨，以中华传统文化的根脉——民间文化起源地
为对象，以起源地知识产权系列保护、起源地品牌文化建设、起源地
文化与乡村振兴、起源地文化与守正创新、起源地文化与产业融合发
展为核心，开展专项课题研究、文化创意产业规划策划、乡村振兴规
划策划、品牌文化建设与推广、起源馆的规划与运营、起源地知识产

权体系规划策划、起源地信息数据标准化推广等，努力把民间文化起源地的理论研究与区域经济社会文化协调持续发展融为一体，形成理论与实际相结合、科研与实践相互动的良好局面。

第一章
民间文化与民间文化起源地概述

第一节　民间文化与"中国民间文化遗产抢救工程"

中国民间文化，是诞生于农耕文明土壤上的、相对于精英文化而言的大众文化。著名作家、文化学者冯骥才先生指出："在人类的文化中，有两种文化是具有初始性的源。一种是原始文化，一种是民间文化。但在人类离开了原始时代之后，原始文化就消失了。民间文化这个'源'却一直活生生地存在。"千百年来，中国广袤的国土上诞生了千姿百态的民间文化。

民间文化包括民间文化的物质形态和非物质形态。民间文化的物质形态主要包括：民居聚落（窑洞、海草房、碉楼等）、民间生产（农耕和手工作坊）生活（衣食住行）等所涉及的作物、工具、器物，以及民间行当、行业组织等。民间文化的非物质形态则主要包括：民间文学（如故事、神话、传

冯骥才先生带领"中国民间文化遗产抢救工程"工作人员深入开展田野调查

说、史诗等），民间表演艺术（如民歌民乐、舞龙舞狮、皮影戏等），民间美术（如剪纸、木版年画、唐卡等），民间手工制作技艺（如木雕、泥塑、刺绣等）和民俗文化世相（如民间信仰习俗、民间节日习俗、民间礼仪禁忌等）。

民间文化具有种类繁多、样式多元、民族性强、地域性广、传承深远、传播广泛、多元一体、多源一脉等特点，是中华优秀传统文化的基础和根脉。世界上伟大的民族文化都源自民间文化。可以说，我们为之自豪的中华文化是由两部分组成的，一部分是精英和典籍文化，一部分是民间文化。两部分同等重要，相互不能代替。特别是民间文化，它是大众用双手和心灵创造的，积淀深厚，博大而灿烂，与大众的生产方式、生活情感和人间理想深深凝聚在一起。但是，由于种种历史偏见，民间文化并没有处在与精英文化同等的位置上。民间文化大多凭借口传心授，以相当脆弱的方式代代相传。我国古代将采集民间文学称为"采风"，因为它像风一样稍纵即逝，若不及时捕捉，当下存在的状态就永远消失了。民间文化遗产是中华民族五千年以来创造的极其丰富和宝贵的文化财富，是民族精神情感、个性特征以及凝聚力与亲和力的载体，也是我们发展先进文化的精神资源与民族根基。作为一个历史悠久、幅员辽阔、民族众多的大国，我国的民间文化遗产极为丰富，但在"文化大革命"期间，民间文化惨遭毁灭式打击，随之而来的城镇化浪潮，又加剧了多种民间文化的消逝。随着工业化和城市化的进程加速，原有的农耕文明架构下的许多文化形态和方式都在迅速瓦解与消亡。民间文化如秋风中的落叶，以人们无法想象的速度枯萎、飘零、毁损。至 20 世纪 80 年代初期，民间文化已处于濒危状态。抢救，成为当务之急。

面对危机，以冯骥才先生为代表的一批知识分子发出倡议，由中国民间文艺家协会（简称中国民协）组织发起了功在当代、利在千秋的"中国民间文化遗产抢救工程"。从21世纪初开始，对中国民间文化遗产进行规模空前的全面普查和抢救。2002年10月10日，全国哲学社会科学规划领导小组办公室向中国民协下发批文，正式批准"中国民间文化遗产抢救工程"为国家社科基金特别委托项目，批准号为02@ZH010。2003年2月18日，"中国民间文化遗产抢救工程"新闻发布会在人民大会堂隆重举行。

"中国民间文化遗产抢救工程"是我国首次对民间文化遗产进行国家级抢救、普查、整理和出版的巨大工程，是文化寻根、唤醒民众文化意识、普及优秀文化遗产的文化行动。"中国民间文化遗产抢救工程"的主题是抢救、保护、传承、弘扬优秀的民间传统文化，其目的是全面抢救和保护优秀民间文化遗产，传承和弘扬中华文明，更好地了解与掌握文化国情，为建设有中国特色的社会主义先进文化、为中华民族的伟大复兴、为丰富人民群众的文化生活服务。该工程的实施，对了解国情、民情，鉴别良莠，促进文化创造，在全球经济一体化的历史潮流中增强国家文化实力、保卫国家文化主权具有极其重要的意义。同时，它也让世界更真切、更全面地了解中华民族灿烂、悠久的文化。通过这一工程抢救和记录下来的优秀民间文化遗产，可珍藏于博物馆，保存一段历史的记忆；可服务于"两个文明"建设，为先进文化的创造提供不竭的资源；可振奋民族精神，促进全民思想道德素质的提高；可丰富国际文化交流，促进人类进步事业与世界和平发展。

"中国民间文化遗产抢救工程"确立了宏大的目标体系：

在全国开展民间文学抢救性普查、搜集、编纂与出版；开展民间美术抢救性普查、搜集、编纂与出版；开展民俗抢救性普查和整理出版；开展民俗典型实物征集；拍摄大型电视系列专题片并出版音像制品《中国民俗》；建立、汇编"中国民间文化图文资料数据库"，建立"中国民间文艺"网站；整理、编纂和出版《中国民俗志》系列（以县为单位）、出版《中国民俗图录》《中国民俗分布地图集》等。

"中国民间文化遗产抢救工程"实施近 20 年来，取得了丰硕成果：

完成了中国木版年画普查工程，出版了《中国木版年画集成》和《中国木版年画抢救全记录》；开展了中国剪纸、唐卡、传统村落、民间文学普查，出版了《中国剪纸集成》《中国唐卡集成》《中国传统村落立档调查手册》《家底——中国传统村落图典示范卷》《中国民间故事丛书·县卷本》《中国历史文化名城·名镇·名村丛书》等；命名了一批中国民间文化杰出传承人；考察、命名了 500 多个中国民间文化艺术之乡和 300 多个中国民间文化传承基地。"中国民间文化遗产抢救工程"为抢救、保护、传承、弘扬中华优秀传统文化作出了突出贡献。

"中国民间文化遗产抢救工程"工作人员田野调查时住宿窑洞

学习唐卡技艺的青海藏族少年

随着"中国民间文化遗产抢救工程"在全国各地深入持久、广泛全面地开展，民间文艺工作者认识到，民间文化起源地是民间文化的"源头活水"，是"中国民间文化遗产抢救工程"的重要内容，探明民间文化起源、成长、流变的过程，对于传承、弘扬优秀民间文化尤为重要。于是，民间文化起源地研究与探源工程应运而生。作为"中国民间文化遗产抢救工程"的重要组成部分，这项工程正以新的研究视角、新的组织方式和具有创造力的文化实践活动，在全国蓬勃开展起来。

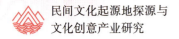
第二节　民间文化起源地及其探源的内容、范围、分类、原则

民间文化起源地，是某一民间文化形态发祥、起源之地。民间文化形态万千、内容多样，往往是多元一体、多源一脉。因此，对各类民间文化样式起源地进行多学科深入研究，摸清家底，梳理文脉，抢救宝藏，对于继承、弘扬中华民族优秀传统文化，建设文化强国，具有格外重要的意义。

民间文化起源地探源，是探索、梳理各种民间文化形态的发端、诞生、发展、演变的学术研究及在此基础上展开的相关文化实践活动。

民间文化起源地研究的内容和范围包括民间文化起源地的源头根脉、起源发祥、演变发展、传承传播、地域特色、空间分布、民间传习、资源转化、赋能创新。

按照民间文化分类，民间文化起源地研究对象可划分为两大类别，即物质文化形态民间文化起源地探源和非物质文化形态民间文化起源地探源。

物质文化形态民间文化起源地探源包括：

民间聚落（各类民居、少数民族聚居地）起源地探源；

民间生产（农耕和手工作坊）方式、作物、工具起源地探源；

民间生活（衣食住行、婚丧嫁娶）方式及其器具、器物起源地探源；

民间行当、行业组织起源地探源。

非物质文化形态民间文化起源地探源包括：

民间文学（如故事、神话、传说、史诗等）起源地探源；

民间表演艺术（如民歌民乐、舞龙舞狮、皮影戏等）起源地探源；

民间美术（如剪纸、木版年画、麦秆画等）起源地探源；

民间手工制作技艺（如木雕、泥塑、刺绣等）起源地探源；

民俗文化世相（如庙会香会、节日习俗、礼仪禁忌等）起源地探源。

鉴于民间文化的特性，研究民间文化起源地，推动民间文化起源地探源工程，需要准确把握以下五个原则。

一是坚持民间文化起源地的多元一体、多源一脉原则。民间文化起源地，往往不是唯一的，而是多源多地。民间文化起源地研究与探源，主要是寻根溯源、梳理脉络、探明资源，而非仅仅去论证源头的唯一性。片面强调民间文化起源地的唯·性，以此作为研究和论证的主要目的，恰恰是民间文化起源地研究工作的重大误区，将使民间文化起源地探源失去应有的意义。例如，剪纸这一具有代表性的民间文化艺术形态，几乎在全国各地都有分布，各地剪纸艺术产生的时间有先有后，相邻地域的剪纸艺术形态之间也存在着传播承继的关系，形成了多元一体、多源一脉的局面。因此，对剪纸艺术起源地的研究，应结合某一地域的剪纸特殊艺术形态进行翔实的多学科探源，避免仅

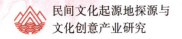

通过某一考古或史料记载就作出剪纸艺术"唯一起源地"这样简单的结论。

二是把握民间文化起源地研究的一般性与具体性相结合的原则。民间文化形态多样，丰富多彩，极具个性。研究民间文化起源，既要探寻一般规律，又必须针对具体形态。不能脱离具体的民间文化起源地形态作抽象、空洞的臆测、推论。

三是坚持民间文化起源地研究要从历史的、发展的、动态的视角把握的原则。民间文化形态具有多元性、流变性，随着时代的发展而发展，随着民间的、地域的流传而变化，而且往往缺少典籍、史料和文物的记录。因此，更需要从田野调查入手，通过实地调查与史料结合，厘清民间文化起源脉络，系统梳理民间文化发展线索和规律，为民间文化传承、发展奠定坚实基础。

四是坚持民间文化起源地研究要掌握时间、空间、民间三个研究维度相结合的原则。探寻民间文化起源地在时间、空间、民间三个维度上的传习、传播、发展、变化，既要借鉴历史学、地理学的研究方法，探索民间文化起源地的时空演变，也要从民俗学、人类学、非物质文化遗产学的视角，探究民间文化起源地传承人的世代接续和民间文化起源地具体形态传习发展的规律。

五是把握好民间文化起源地研究与探源的择优原则，即具体的研究对象、研究范围的择优限定原则。研究对象要择优选择有影响、有传承、有价值、有发展的民间文化样式。避免将民间文化起源地庸俗化、泛化的倾向。

第三节　民间文化起源地探源的价值和意义

第一，中国人素有认祖归宗的文化传统和追根溯源的民族特质，这是中华文明几千年薪火相传、文脉不断的根本缘由。民间文化起源地是中华优秀文化的重要组成部分，是民族文化不断向前发展的重要基因，是新时代增强文化自信的不竭泉源。对民间文化起源地的探究，可以系统梳理民间文化源流，剖析民间文化基因，从中获得启示，汲取力量，从民族根性文化和源头文化之中去挖掘原生的动力和潜力，使之得到再创造、再发展、再前进的源发性活力与动力，从而实现优秀传统文化的创造性转化、创新性发展。

第二，作为"中国民间文化遗产抢救工程"的重要内容，民间文化起源地探源工程对于抢救濒危的民间文化遗产具有基础性作用。对于民间文化起源地及其演变、发展、传承、传播的系统研究和梳理，将正本清源，从源头上保护形态多样的、具有多元价值的民间文化形态，并通过多学科视角的审视辨析，不断促进各个民间文化形态研究深入开展。

第三，对民间文化起源地的探究，可以探明民间文化积淀的"库存"，开掘民间文化的富矿资源，用好民间文化起源活水，激发文化的凝心聚力、成风化人的独特作用，发时代之先声、开社会之先风、

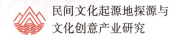

启智慧之先河，让古老的文化促进当代社会的变革前进和国家的兴旺发展，树立强大的文化自信，建设文化强国。

第四，民间文化起源地探源工程启动以来，完成了一系列具有重要价值和重大影响的研究课题，深化、扩展了地域文化研究的视角和力度，为地方政府提出了大量政策措施建议，为塑造地域文化品牌、推动区域经济协调持续发展作出贡献。

第五，民间文化起源地文化探源工程中对跨境民族文化起源地的研究和论证，从时间、空间、民间三个维度明确了跨境民族民间文化的根脉属性，对于维护国家文化安全、巩固国家边防、掌握民族文化话语权等具有重要意义。同时，民间文化起源地文化的广泛传播，为讲好中国故事，推动"一带一路"建设，让中国文化走出去，在世界范围弘扬中华优秀传统文化发挥着越来越重要的作用。

第六，民间文化起源地探源工程不但注重寻根溯源，梳理文脉，而且更加注重优秀民间文化的传承与发展。该工程通过构建民间文化起源地知识产权体系，创造性地设计运用起源云网络平台、构建新型多业态的文化产业空间——起源馆、编制民间文化起源地信息数据标准、建设民间文化产业起源创始人数据库等方法，为民间文化的创造性转化、创新性发展作出了重要探索，取得了突破性进展。

第二章

民间文化起源地探源工程

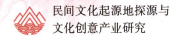

第一节　民间文化起源地探源工程内容和组织架构

民间文化起源地探源工程是以民间文化起源地为对象，开展多学科学术研究，通过田野调查、文脉梳理、历史溯源、传承普查、传播记录、数据统计、建立标准等方法，积累民间文化资源，积聚民间文化人才，并在此基础上开展民间文化起源地的知识产权保护、文化创意产业研发与实践，实现民间文化资源的创造性转化、创新性发展。

一、民间文化起源地课题研究

民间文化起源地课题研究，既包括民间文化起源地一般规律的研究，又包括各种民间文化起源地代表性样式的多学科研究。民间文化起源地课题采取社会公开征集方式，通过智库专家指导、组建课题组、开展田野调研、组织学术研究、课题成果讨论修订、课题结题答辩、成果转化实践等阶段完成。

中国民间文化起源地研究课题申报流程详见附录一，中国民间文化起源地研究课题项目申报书详见附录二。

二、民间文化起源地相关大数据建设

民间文化起源地相关大数据建设包括民间文化起源地数字档案记

录、图文记录、影像记录。其内容主要有：民间文化起源地传承人数据库、民间文化起源创始人数据库、民间文化起源地名录数据库、民间文化起源地产品库、民间文化起源地素材库、民间文化起源地基因库。

三、民间文化起源地知识产权保护体系建设

民间文化起源地知识产权保护体系建设主要包括民间文化起源地知识产权的分类、特性、体系保护和应用。

四、民间文化起源地数据信息标准体系建设

民间文化起源地数据信息标准体系建设主要包括民间文化起源地数据信息的分类、来源标签、产品品牌、数据标准制定和应用。

五、民间文化起源馆的设计与构建

民间文化起源馆的设计与构建主要包括民间文化起源馆的定位、内容、设计、地标、运营。

六、民间文化起源地起源云平台设计应用

民间文化起源地起源云平台设计应用主要包括起源云平台的设计、传播、功能、应用。

七、民间文化起源地品牌文化工程建设

民间文化起源地品牌文化工程建设主要包括：民间文化起源地品

牌文化工程体系、中国品牌文化节、民间文化起源创始人数据库、民间文化起源地品牌传播工程、民间文化起源地品牌价值提升体系、专项基金构建等。

八、民间文化起源地文化创意产业社会实践

民间文化起源地探源工程是在"中国民间文化遗产抢救工程"基础上开展的，以新的组织方式推动的社会工程。该工程的特色是采取全新的组织架构启动和推进实施，即由群团组织策划发起，专业机构组织实施，专家智库提供指导，科研单位参与系统研究，民间文艺工作者和民间文化传承人承担，专门的企业运营推动的"六位一体"模式开展。

2015年6月，中国民间文艺家协会批准成立了中国民间文艺家协会中国起源地文化研究中心（以下简称起源地文化研究中心），这是开展民间文化起源地研究的专业组织。在此基础上，建立了民间文化起源地专家智库，作为民间文化起源地研究的学术指导，对民间文化起源地探源工程给予全方位、全过程的指导和监督。智库由民俗学、人类学、民族学、民间文学、艺术学、美学、哲学、历史学、考古学、地理学、法学、计算机科学等领域的专家学者组成。该研究中心在智库专家的指导下，开展民间文化起源地课题研究，并制定了课题申报流程和申报书规范。

在课题研究领域，起源地文化研究中心联络国务院研究发展中心东方文化研究所、北京大学文化产业研究院、清华大学乡村振兴研究院、北京师范大学民间文学研究所、中国科学院自动化研究所、中国社会科学院民族文学研究所、中国社会科学院文学研究所、故宫博物

院、中国遗产研究院等科研单位，围绕民间文化起源地及其具体形态展开多学科研究，取得众多课题研究成果，并推出《中国起源地文化志系列丛书》。

在课题研究基础上，参与承担民间文化起源地探源工程实施的两家企业——起源地文化传播中心和起源地城市规划设计院，开始构建起源地知识产权保护体系、起源地数据信息标准体系、起源地品牌文化工程，设计推出了起源云平台、起源馆模型，并在山西长子精卫文化起源地、沈阳旗袍文化起源地、河北承德北派酱香酒文化起源地、宁夏中宁枸杞文化起源地、辽宁葫芦岛农创葫芦文化起源地、沈阳饺子文化起源地等多地开展了多项起源地课题成果转化为文化创意产业的社会实践活动，民间文化起源地文化资源的创造性转化、创新性发展取得了令人瞩目的成就。

【以"中国地名文化起源地研究课题"为例】

中国地名起源文化源远流长，承载了中华民族的历史沧桑，记录着各民族生存发展的历史，是中华文化基因的重要组成部分。为进一步探寻中华文化起源，增强文化自信，塑造起源地文化品牌，助力地方文化经济发展，实现中华民族"两个一百年"奋斗目标，由起源地文化研究中心发起成立中国地名文化起源地研究课题组。课题组在起源地文化研究中心指导下工作，承担项目的具体拓展与实施。为保障工作顺利启动并达到预想效果，特编制如下方案。

第一，课题宗旨。

探寻中华起源，讲好地名故事，把握华夏根脉，挖掘文化基因，

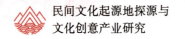

增强文化自信，助力地方发展。

第二，课题内容。

本课题以探寻地名起源，梳理地名文化，打造地名名片，传播起源地特色，提高地方知名度与美誉度，推动地方经济社会发展为目标，同时充实丰富社会文化活动，让更多 60 岁以上老年人老有所为，老有所乐，通过参与课题实现自我。一是用图片方式讲述中国地名故事，讲述起源地文化故事，探讨地名变迁，陈述历史，缅怀历代先贤，展示人文风貌，介绍风土人情，打造地方名片。二是配合地方政府挖掘、抢救、整理地名文化、地名故事，利用多种方式广泛传播。三是开展以讴歌地名文化为主要内容的诗词歌赋创作、书法绘画创作、歌曲舞蹈创作等，积累文化成果。四是打造起源地节庆文化，让起源地文化、旅游产品走向社会，服务大众，为扩大内需添柴加火。五是分类和集中组织起源地文化展览展示，通过课题研究成果集中展览的方式，在国内外展览并以多媒体样式开展大众传播。六是把研究成果有计划、有目标地反馈给各地政府，实现科研成果的社会转化。

第三，组织架构。

课题组设负责人 2 人，课题组专家 5 人（为起源地专家智库成员），工作人员 3 人。

第四，运用法律为课题保驾护航。

法律是搞好课题研究的基本保障。本课题研究全程以法律为准绳，在法律的框架下开展各种活动。一是重要项目签约等应有律师保障在场，做好法律咨询，所有活动合理合法合规。二是课题组项目要实现阳光下操作，课题组成员自觉接受法律监督。三是以诚信为前提，所有参与课题组活动的人员，均须信守合同。四是加强知识产权保护。

第五，塑造品牌。

品牌是无形资产的总和，是社会公众对拥有者的组织产品及服务认知的总和。为保证地名起源研究课题的高定位、高品质，必须树立品牌意识，并把打造品牌贯彻于方案实施的全过程，依靠点滴努力，获得良好口碑。一是队伍要高端，要选择有思想、有阅历、有经验、有文化修养和一定技术功底的课题研究和推广人员担纲课题主创和宣传，要统一培训，统一思想。二是认真对接地方政府，取得地方有关部门支持配合。三是严格作品的质量把关，聘请有关专家认真评选，严格把关，保证文创产品高质量。

第六，课题成果应用。

一是每完成一次创作，同时联络或完成一个有关地名文化旳专题调研报告。二是每完成一次创作，同时完成相应区域的专题问卷调查（问卷由起源地文化研究中心组织设计）。三是积极利用现代传媒，包括自媒体，采用多种方式广泛传播研究成果，扩大社会影响。四是用地名文化成果带动乡村振兴，助力区域经济、文化融合和高质量发展。

第七，文案先行，样板示范。

没有文案，难以绘制蓝图。样板是蓝图上的亮点。文案先行，以国家重大工程为地理标志，按照"十四五"规划框架，选取"粤港澳大湾区""雄安新区""长江经济带""海南自由贸易港和国际旅游岛""成都重庆双城区"五个重点，各自遴选一至两个地名，撰写文案。经研讨审定后，安排精干团队实地制作（搜集新老照片、民俗非遗、微视频、文物文献以及邀访行家精准点评）。在审读作品时，充分尊重本地意愿，权衡海内外需求，力争以本地政府的购买服务为主导，辅以社会营销与文创效益，再以国家"地理数据库"与地理、博物馆等保存、传播为后盾，组合成"万方一脉"兼资源保护与中外传播、融各地同建与家国共享的"活起来"之地理链。本课题参照学习中央电视总台品牌栏目《假如国宝会说话》，用地名起源地文化之作，以《假如国宝会说话》为学习赶超的标杆，追求高端品牌、高收视率、高科技化；力求在数分钟之内达到画面优美、资源新奇、解读精准，令人意犹未尽。观赏质量确保国家级，切忌低俗矫情，精心打造样板，以样板之小窥见其大，并以样板之精，获主管部门支持，揽人才之聚，博资金之汇，筑平台之基，合网络之力，成实体（博物馆）之功。

第八，平台立基，数据为本。

地名起源项目的运营，经精心打造样板之后，尽快形成科学易行的制作规范与管理标准，遂正式步入平台立基阶段。平台以数据库为后盾，建设必备的硬件设施；项目的运营重在平台，主要靠资源与人才。资源，通过本项目可以获取上上下下、东南西北、实实在在的一线地理资源的丰富信息，且与各地联手组合成为平台可持续发展的资源库。人才，从基层发掘，由爱好者走向创新者，由"本地通"走向"各地通"，组建一支脚踏实地立足平台、通晓天地人、能文能摄多面手、在网络长袖善舞的"海军陆战队"。为强化平台的统帅功能，课题组不承担各地具体节目的制作业务，除启动阶段若干样板作品之外，为保障平台优质高效持续运营，负责总体规划及选题创意的智库成员、负责平台向各地衍生的经营监管人员、为保障平台安全快速的专业技术人才尤为重要。全员维护主平台的权威性、影响力、美誉度，持续扩展平台衍生功能、平台资源功能、数据整合功能以及精准的应用功能。

第九，网络运营，馆园并进。

课题组将持续开展多项网络活动，营造手机与网络互通互联，最大规模地吸引地理爱好者（他们均是地理文化的受益人，兼属地理文化的建设者、传承者和弘扬者）。网络运营的观念要突破，以实效为主。地名起源文化赛事，务必接地气，多在村镇、小区、街道或胡同，就朝夕相处的同一个地名，思古说今。民间不乏口才，不缺故事，胜出者也许是少而又少的几位，而受益最多的是参与者和众多的听者，这一个"过程"的"现在时"，未必都能见到有形的效果，然而潜移默化的、长存的记忆，更属一笔难以估量的精神财富、人生财富。本课题坚信当下网络的传播力，拟团结以中青年为主力的"网军"，由"大咖"健康引领，培养"网红""粉丝"进入"有趣味""有情怀""有天理""有大道"的地理文化的"新天地"，置身于晓"天"意、知"地"灵、善"人"和的"地理大乐园"。本课题协助各地自愿自主建设"地名馆""起源馆"，与"文史馆""天文馆""博物馆""方志馆""建筑馆"及各类特色纪念馆，同为文化配套设施。各地的地名馆在起源地文化研究中心的业务指导下，在民间文化起源地探源工程的引领下，一起致力于地名文化的普及与提升，让更多当地人可在家门口思乡愁、抒乡情、联乡谊。地名馆作为各地爱国主义的教育基地，对下一代健康成才将发挥更具亲近感、更加滋润心灵的社会效益。

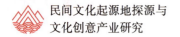

第二节　民间文化起源地探源工程的方法

一、民间文化起源地研究的基础——田野调查

民间文化起源地的研究以田野调查和民间采风为基础。田野调查和民间采风不仅具有比历史文献记载更为广泛而直接贴近研究对象的优势，同时对挖掘、收集和保护起源地民间文化具有直接的意义。既包括对起源地民间文化各种样式和元素的考察、调研和关注，还包括对起源地民间文化的全景式调查记录、收集挖掘，以及专题研究。这种研究思路和方法是传统理论研究的基础，为日后进一步的研究提供了确凿的依据和丰富的第一手资料，对深入认识民间文化的起源、传承、传播及其发展演变和历史价值都有重要的意义。从当代民俗学的开创性研究、中国民间文学"三套集成"的编纂与出版到"中国民间文化遗产抢救工程"的实施，可以说，民间文化抢

工作人员开展田野调查

救、保护的各项工作都离不开田野调查和在此基础上的深入调研。田野调查和民间采风是民间文化研究的基本方法和不变传统，这是由以下四个方面的因素决定的。

第一，田野调查是民间文艺研究的优良传统。以民间文学为例，民间文学是一种口头文学，在民间口耳相传。为了更好地学习、传承、弘扬民间文学，使优秀作品得到更广泛流传，必须进行搜集记录。远在两三千年前的周代，我们的先贤为了"观民风"，已有了献诗、采诗的制度，《诗经》中的民歌就是这样搜集并保存下来的。后来在秦汉时期更成立了乐府，专门从事歌谣的搜集与演出。尽管同失传了的大量民间文学相比，记录下来的不过是沧海一粟，但总还是中华民族特别珍贵的文化遗产。在我国浩瀚的各种古籍中保存了无数零散的谣谚、民歌、神话、传说和童话故事，如《古谣谚》《乐府诗集》《山海经》《庄子》《韩非子》《淮南子》《太平广记》《粤风》等书中都有丰富的民间文学资料。在《搜神记》《酉阳杂俎》等书籍中记载了世界上最早的毛衣女故事、灰姑娘故事的完整异文。"五四"时期，北京大学成立歌谣研究会，开始科学地搜集民间文学作品。当时新文学运动的先驱们几乎都参加过这一工作，李大钊、鲁迅、刘半农、胡适、周作人等都记录过民歌，掀起了一个记录、研究与出版民间文学的热潮。延安文艺座谈会以后，文艺工作者深入群众自觉地同工农兵打成一片，搜集了更多民间文学作品。新中国成立以后成立了中国民间文艺研究会，由郭沫若任主席，出版了专门的刊物，民间文学搜集出版工作进入新的时期。1958 年 7 月召开的第一次民间文学工作者代表大会制定了"全面搜集，重点整理，

大力推广，加强研究"的工作方针（即"十六字方针"），更推动了民间文学搜集工作的飞速发展，民间文学的书刊如雨后春笋般不断涌现。展开了全国性的全面普查，并且在普查的基础上编辑《中国歌谣集成》《中国故事集成》和《中国谚语集成》（"三套集成"），以及开展了规模宏大的"中国民间文化遗产抢救工程"。

第二，田野调查是民间文艺研究发展的起点和基本功。调查研究在民间文艺工作中更多地被称为田野调查和民间采风。这是从事民间文艺工作的一个基本的方法和民间文艺工作者的基本功。以民间文学为例，田野调查对于了解民间文学的传承环境，认识民间文学的特征与功能也具有重要的意义。民间文学是民间大众的文学，它在普通群众中口耳相传，反映普通大众的劳动与生活，承载着广大劳动人民的情感与梦想，只有走向田野，深入民众，才能了解民间文学传承的环境，透彻领略与体会民间文学作品所蕴含的思想情感与审美理念。民间文学具有口头性与集体性特征，是集体大众的创作，以口传心记的方式传承；民间文学具有乡土性特点，创作的材料是乡土素材，语言是乡音土语，风格是"下里巴人"；民间文学的创作与传播简捷方便，田间地头、街头巷尾，劳作歇息、茶余饭后，都可以唱民歌、讲故事、猜谜语……民间文学在民众生活中具有多种实际功能，就民歌、民谣而言，在不少地区，结婚时要唱"撒帐歌"，待客时要唱"敬酒歌"，建房时要唱"上梁歌"，祭祀时要唱"祀典歌"，特别是在少数民族日常生活中更是常常以歌相伴。总之，要了解民间文学的起源和传承环境，认识民间文学的特征与功能，就必须到民间去采风，去调研，到田野中去感受与体验。

第三，田野调查是民间文艺与时俱进的新要求。仍以民间文学为例，民间文学是靠口头传承的，它会随着时代的变迁而发生嬗变。时代变了，民众对事物的认识，甚至他们的世界观也会随之或快或慢地变化。目前，社会生产力水平迅速提高，生产方式迅速变化，人们的生活方式自然也随之而变，包括民间文学在内的传统文化正面临着前所未有的强烈冲击。传统文化是一个民族进步与发展的软实力，是社会发展的源泉，促进经济发展的因素，可以为社会的持续发展提供精神源泉与不竭动力；同时，保护本民族传统文化既是保护文化多样性，也是维护本民族文化在世界文化格局中的地位。基于上述原因，国际社会在保护包括民间文学在内的口头与非物质文化遗产方面基本上达成了共识。就我国来讲，目前抢救与保护"口头与非物质文化遗产的活动"和保护"文化多样性"的工作正开展得如火如荼。在这种情况下，走向田野，采风问俗，搜集面临濒危的民间口头文化，探索民间文学的源头活水，无疑对于保护"文化多样性"工作和保护"口头与非物质文化遗产"工作具有广泛动员和实际保护的意义；这将使人们充分理解民间文学的价值，体验民间文学的魅力，认识民间文学重要性及意义。

第四，到田野里去，到生活中去，到人民群众中去，是从事民间文艺研究的根。只有根深才能叶茂。搜集整理研究起源地民间文化既要深入群众"探海取珠"，又要细心拭去宝珠上的灰尘，使它焕发出夺目的光彩。只有树立起尊重人民群众的观点，不断提高科学水平与艺术修养，深入了解群众生活、心理、风俗习惯，掌握群众的口语和民间文化的特点，搜集丰富的异文资料，才能有所收获、不断突破。这就是运用科学的手段和方法，从生活中搜集有关资料和信息。首先，民间文艺的调整是一种自觉的认识活动，与人们日常生活中的一般观察和思考有着本质的区别；其次，民间文艺调查的对象是民间文艺家及民间文艺的携带者如民间文艺现象，除了已有文字记载中获取信息外，更主要的是从生活中直接收集素材；再次，民间文艺调查是一门方法科学，既包括对客观的感性认识方法，又包括主观思维的各种理性认识方法；最后，民间文艺调查的目的是挖掘、整理、研究、传承、保护，而调查不能止于数据的收集和信息的获取，还要有跟踪、研究、完成学术成果，为此必须做到全面搜集、忠实记录、慎重整理。"问渠那得清如许，为有源头活水来。"民间文化的基因在田野，根脉在田野，源泉在基层，生命力在基层。民间文艺工作者只有回归

中央文史研究馆特约研究员、中国民协顾问、中国起源地顾问、中国起源地智库专家罗杨（右）等在河北迁西田野调查栗蘑文化、板栗文化

田野，深入群众，深入基层，投身于人民群众的社会实践，才能洞悉民间文化的底蕴，挖掘丰富的资源，谱写出民间文化繁荣发展的辉煌篇章。

二、民间文化起源地研究的一般方法

民间文化起源地研究的一般方法包括口述史访谈法、文献研究法、个案研究法等。

1. 口述史访谈法

口述史亦称口碑史学，在国际上是一门专门学科，即以搜集和使用口头史料来研究历史的一种方法。口述史作为史学研究的一种方法，近年来得到了较快发展。口述史访谈法不是历史学家的专利，作为一种史学方法，它被普遍地运用于各个学科，如政治、历史、军事、艺术、社会史等。口述史访谈法非常适合用来抢救和记录民族文化的历史，特别是用来抢救那些濒于失传的藏于民间的非物质文化遗产。民间文化起源地往往具有流变性、不确定性和文物、史料、文献的缺失，因此口述史访谈法是民间文化起源地研究中重要的方法。

中国民协顾问、中国起源地智库专家曹保明（右）采访阔关东年画传承人

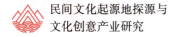

2. 文献研究法

文献研究法是根据一定的研究目的或课题，通过调查文献来获得资料，从而全面地、正确地了解掌握所要研究问题的一种方法。文献研究法被广泛用于各种学科研究中。民间文化起源地研究，也需要从众多的地方文献，包括史料、地方志、科技著作、文学艺术作品等文献中获得历史、地理、科技、民俗等多元资料，从中梳理民间文化起源地起源、发展、演变的脉络和规律。

2019年10月，国家文物局原党组副书记、副局长、中国起源地顾问、智库专家张柏（左三），中国文联民间文艺艺术中心副主任、中国起源地智库专家委员会主任刘德伟（左一），中国民协中国起源地文化研究中心执行主任李竞生（右二）在山西省社科院调研、查阅资料，山西省文化和旅游厅党组成员、副厅长王琳（左二），山西省社科院党组成员、副院长宋建平（右三）陪同

3. 个案研究法

个案研究法是认定研究对象中的某一特定对象，加以调查分析，弄清其特点及其形成过程的一种研究方法。鉴于民间文化起源地具备的多元一体、多源一脉的特点，个案研究是重要的研究方法。民间文化起源地研究更强

汶川大地震后，民间文化工作者采访羌族群众

调理论与实际相结合，同时通过个案研究可以更加便捷快速地实现民间文化起源地研究成果转化为文化创意产业的社会实践活动。

三、跨学科研究法和高新科技研究方法的融入

跨学科研究是运用多学科的理论、方法和成果从整体上对某一课题进行综合研究的方法，也称"交叉研究法"。科学发展运动的规律表明，科学在高度分化中又高度综合，形成一个统一的整体。据统计，现在世界上有 2000 多种学科，而学科分化的趋势还在加剧，但同时各学科间的联系愈来愈紧密，在语言、方法和某些概念方面，有日益统一的趋势。关于文化起源研究，近年来国内各个领域专家开展了大量运用当代科技成果的研究，在方法上取得了许多突破，这为民间文化起源地研究提供了重要的借鉴。例如，1996 年 5 月，国家启动了夏商周断代工程。该工程就是以人文科学和自然科学相结合，集中相关学科的优势，力求作出能反映 20 世纪年代学研究最高水平的

成果，制定有科学依据的《夏商周年表》。夏商周断代工程集中了 9
个学科 12 个专业，200 多位专家学者联合攻关。历史学家以历史文
献为基础，把中国历代典籍中有关夏商周年代和天象的材料尽量搜集
起来，加以分析整理；天文学家总结天文年代学前已有的成果，推断
若干绝对年代，为夏商周年代确定科学准确的坐标；考古学家对与夏
商周年代有密切关系的考古遗存进行系统研究，建立相对年代系列和
分期；在测年科学技术方面，主要采用碳十四测年方法，包括常规法
和加速器质谱法。这些都为民间文化起源地研究提供了方法论借鉴。
在已经开展的民间文化起源地跨学科研究中，特别邀请了中国科学院
自动化研究所的专家参与，应用大数据计算和自动化程序设计等高新
技术，从信息数据的搜集、整理、分析、筛选中开展民间文化起源地
及其代表性产品数据标准的研究和制定，并采用稳定性同位素溯源技
术、物理近红外光谱分析技术、矿物元素指纹图谱分析技术等高科技
手段和方法，为民间文化起源地研究开辟新的视角，拓展新的领域。

第三节　民间文化起源地探源工程专家智库与数据库

一、民间文化起源地探源工程专家智库

智库，是指专门从事开发性研究的咨询研究机构。它将各学科的专家学者聚集起来，运用他们的智慧和才能，为社会各个领域的发展提供满意方案或优化方案，是现代领导管理体制中不可缺少的重要组成部分。其主要任务是：提供咨询，为决策者献计献策、判断运筹，提出各种设计；反馈信息，对实施方案追踪调查研究，把运行结果反馈给决策者，便于纠偏；进行诊断，根据现状研究产生问题的原因，找到症结所在，寻找解决问题的方案；预测未来，从不同的角度运用各种方法，提出各种预测方案供决策者选用。民间文化起源地探源工程专家智库（业内也称为中国起源地智库）由四个方面的专家组成：一是研究领域的专家，包括历史学、民俗学、人类学、民族学、民间文学、艺术学、美学、哲学、考古学、地理学、法学、计算机科学等领域的专家，为民间文化起源地课题研究提供学术支撑和智力支持；二是知识产权保护和文化创意产业领域的专家，为民间文化起源地知识产权体系、信息数据标准和研究成果的社会实践转化提供方法和指导；三是政策研究和各行业协会的专家，为民间文化起源地研究方向

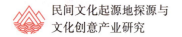
和政策指导提供支撑；四是中央重点新闻媒体、全国重点新闻媒体和海外著名专家。

（一）民间文化起源地探源工程专家智库及其管理

民间文化起源地探源工程专家智库由起源地文化研究中心依照民间文化起源地探源工程规划，组织上述有关学科的专家组建而成。专家一般为相关学科学术带头人，具备各相关学科正高级技术职务。起源地文化研究中心向每位专家颁发聘书（聘期5年），制定相应的智库管理规定和工作计划，成立专家智库管理委员会，组织智库专家开展系统工作。

（二）智库专家的主要职责

智库专家的主要职责是全程参与起源地探源工程各项课题的研究。根据工程需要，提出年度课题和重点课题，分别组成课题组，在课题组长——智库专家带领下开展选题讨论、开题启动、田野调查、学术研究、成果讨论、课题答辩、结题论证、课题结项等环节，确保起源地研究课题选题严谨，调研深入，研究规范，结论科学，便于应用。

（三）智库专家开展课题研究情况

智库专家委员会汇集了国务院发展研究中心、中国文学艺术界联合会、中国艺术研究院、北京大学、清华大学、北京师范大学、中国科学院、中国社会科学院、中国农业科学院、中国人民大学、中央财经大学、中国传媒大学、浙江大学、上海大学等高校、研究单位的专家学者，涵盖经济、文化、自然科学、教育、民间文化等领域专家。截至 2021 年 6 月，智库专家达到 270 余位，开展了 30 余项起源地课题研究。智库专家参加的活动主要有以下几个方面。

1. 扎根田野，开展起源地文化研究课题系列调研活动

近年来，中国起源地智库专家赴上海普陀、天津宝坻、辽宁沈阳、辽宁葫芦岛、山西长子、河北迁西、广西横县、宁夏中宁、浙江长兴等地实地调研饺子文化、美发文化、精卫文化、地名文化、栗蘑文化、茉莉花文化、海派漆艺文化等民间文化起源地课题，掌握了民间文化起源地大量一手材料，为民间文化起源地研究深入持久开展和研究成果转化打下了坚实基础。

2.“云”上相会

在抗击新冠肺炎疫情常态化形势下，起源地文化研究中心通过独立研发“起源云”智慧平台，为中国起源地智库专家开通“起源云”直播；组织中国起源地智库专家利用“起源云”智慧平台，话起源、讲知识。通过内容丰富的主题策划，中国起源地 50 余位智库专家开展了 100 余场丰富多彩的直播活动，如北京大学教授、北京大学文化产业研究院院长、中国起源地智库专家、总策划师陈少峰主讲了《文化产业趋势商业模式创新》系列专题，北京大学国家体育产业研究基地秘书长、中国起源地智库专家何文义主讲了《体教融合的社会价值及商业模式》系列专题，由起源地文化研究中心组织的中国旗袍文化研讨会直播活动得到广大网友、专家、学者的一致好评。数据显示，2020 年中国起源地智库专家直播活动浏览量超过 100 万人次，影响日益扩大。

3. 以文聚力，为起源地文化发展献计献策

2020 年，是中国起源地智库专家委员会通过不懈努力取得丰硕成果的一年。中国起源地智库专家结合起源地文化研究课题调研实际、起源地文化产业发展情况等发表论文 200 余篇，涵盖起源地课题研究、文化事业发展、产业规划、文化传播、标准化建设等众多方面，均发表在中国起源地新媒体平台、网站和相关刊物上。其中，中央文史研究馆特约研究员、中国民间文艺家协会顾问、起源地文化研究中心顾问、中国起源地智库专家罗杨所著《欲流之远者，必浚其泉源》一文影响最为深远，发表在由知识产权出版社出版的《中国起源地文化志系列丛书》中，得到读者广泛好评。

4. 成果出版

中国起源地智库专家委员会在中国民间文艺家协会、中国西部研究与发展促进会的指导下，在起源地智库专家的共同努力下，紧紧围绕"起源地文化与知识产权""起源地文化与品牌建设""起源地文化与守正创新""起源地文化与产业融合发展"等方面开展系统科学研究工作。在此基础上，组织开展《中国起源地文化志系列丛书》编撰出版工作，使起源地研究课题成果进一步社会化，推动和促进起源地文化建设更加科学、规范展开，并为社会发展提供有力的智力支持。

二、民间文化起源地探源工程数据库

民间文化起源地探源工程数据库由课题档案数据库、智库专家数据库、图片影像数据库、知识产权数据库、品牌文化工程及起源创始人数据库、起源地名录数据库、起源地文化基因数据库、起源地文化产品及品牌数据库、起源馆数据库等组成。通过探源工程官方网站和起源云平台的数据空间实现数据的存储、传播和应用。数据库有关具体内容，在本书下面相关章节作详细介绍。

第四节　民间文化起源地探源工程的传播

　　民间文化蕴含着深刻的哲学思想、民族智慧和地域特质，民间文化起源地探源工程的传播在中国与世界的对话和互动中独具魅力。习近平总书记指出，要使中华民族最基本的文化基因与当代文化相适应、与现代社会相协调，以人们喜闻乐见、具有广泛参与性的方式推广开来，把跨越时空、超越国度、富有永恒魅力、具有当代价值的文化精神弘扬起来，把继承传统优秀文化又弘扬时代精神、立足本国又面向世界的当代中国文化创新成果传播出去。拓展起源地文化、民间文化的对外传播途径，向世界展现起源地文化、民间文化博大精深的历史积淀，彰显与时俱进的时代魅力，阐释起源地文化、民间文化的世界意义，完善中国价值观的世界表达，方能使起源地文化、民间文化对外传播行稳致远。

　　探寻中华起源，增强文化自信是民间文化起源地探源工程的宗旨，满足人民对美好生活的向往是民间文化起源地探源工程的目标，而实现这一目标最直接、有效的方式就是通过全媒体形式传播起源地文化。人人参与、人人学习，从而达到人人成为起源地文化、民间文化的传播者、传承人的目的。

一、中国起源地媒体联盟

中国起源地媒体联盟的主要职责是传播中华优秀传统文化，讲好中国起源地文化故事，让中华优秀文化走出去。截至目前，中国起源地媒体联盟由来自人民日报、新华社、中央电视台、中国日报网、央广网、国际在线、中国网、光明网、中国台湾网、中国文化报、中国艺术报、东方网、中国江西网、中国甘肃网、网易、腾讯网、新浪网、凤凰网等 100 余家媒体单位的 241 位记者自发组成，共同传播起源地文化，连续 7 年共完成全程跟踪报道中国起源地文化论坛、中国旗袍文化节、中国枸杞文化节、中国满族文化节、中国品牌文化节、中国葫芦文化节等重大活动。据不完全统计，发布了有关起源地文化原创稿件 1.08 万篇，转载了有关起源地文化新闻稿件 18 万余篇，阅读传播量约为 150 亿人次。

全国百家媒体聚焦沈阳，采访中国纸上刀绘创始人、沈阳市文联党组成员、副主席王静（中间坐者）

全国百家媒体参加"探寻起源地文化万里行走进宁夏中宁"系列活动

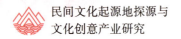
二、起源地新媒体矩阵传播起源地文化

起源地新媒体矩阵由中国起源地媒体联盟、中国起源地网、起源云——中国文旅科教云平台组成。

中国起源地网（www.qiyuandi.cn）是由起源地文化传播中心主办的新媒体综合服务平台，涵盖 20 余个频道和 50 余个主题，传播、弘扬起源地文化。目前，以中国起源地网为核心，申办了新华号、人民号、起源号、微信公众号、今日头条号、搜狐号、网易号、一点资讯号、百度号、企鹅号、凤凰号、抖音、快手等，并由此组成新媒体传播矩阵。中国起源地网立足于强有力的起源地文化传播优势，发挥自身传播的特色优势，以及新媒体的发展优势，完成了辐射受众群体和吸引大众关注视线的全方位人群覆盖，以优质服务赢得公众青睐。

2019 年首届中国旗袍文化节、2020 年第二届中国旗袍文化节期间，中央电视台综合频道、新闻频道、北京卫视、陕西卫视、宁夏卫视、广西卫视等对中国旗袍文化节盛况进行报道

话剧《沧浪之水》亮相北京

本报北京5月28日电（记者苦滨）山湖南省演艺集团出品、湖南省话剧院排演的小说改编制作的话剧《沧浪之水》...

沈阳举办旗袍文化节

本报沈阳5月28日电...

**78件梵蒂冈博物馆藏
中国文物在故宫首展**

本报北京5月28日电（记者王珏）5月28日至7月14日，故宫博物院与梵蒂冈博物馆合作...

山西推行义务教育教师"县...

本报太原5月28日电（记者萌辙）...

首届中国旗袍文化节在沈阳开幕

5月24日，由中国民间文艺家协会、沈阳市委宣传部共同主办的首届中国旗袍文化节暨"盛京1636"第三届沈阳国际旗袍文化节在沈阳故宫开幕...

中国起源地茶文化寻根探源工程启动

中国起源地茶文化寻根探源工程5月21日在首届"福茶行天下"高质量发展大会上启动...

2019年5月24日，由起源地文化传播中心策划组织的中国旗袍文化节在沈阳故宫举办，5月28日《人民日报》第12版文化板块对中国旗袍文化节盛况进行报道

上图（左）为2019年5月24日，由起源地文化传播中心策划组织的中国旗袍文化节在沈阳故宫举办，"学习强国"学习平台对中国旗袍文化节盛况进行转载；上图（右）为2021年5月21日，由起源地文化传播中心策划实施的"中国起源地茶文化寻根探源工程"在福州海峡国际会展中心启动，"学习强国"学习平台对启动仪式盛况进行转载

第四届中国（国际）起源地文化论坛在京召开

第四届中国（国际）起源地文化论坛于12月18日在北京大学举办...

第六届中国起源地文化论坛在京举办

2017年12月18日，第四届中国（国际）起源地文化论坛在北京大学成功举办，新华网进行报道

2020年1月2日，第六届中国起源地文化论坛在京举办，光明网对论坛盛况进行报道

三、民间文化起源地探源工程推出的文化论坛、文化节、研讨会、学术研究成果出版等形成传播合力，生动讲述中国故事

近年来，起源地文化传播中心、起源地城市规划设计院等单位成功策划并举办了七届中国起源地文化论坛；成功举办了中国起源地文化节国家体育场展览展示活动、中国品牌文化节、中医药品牌文化云盛典、素食品牌文化云盛典、中国旗袍文化节、中国旗袍文化研讨会、2020中医春晚、中国（中宁）枸杞文化节；生动讲述中国故事，成功举办了30余场中国民间文化起源地研究课题研讨论证会，直接参与人数达10万人，间接参与人数达到50万人，新闻媒体宣传浏览观看人数达5亿人次。

民间文化起源地探源工程推出的起源地文化论坛以"探寻中华起源，增强文化自信"为宗旨，以起源地文化与知识产权、起源地文化与品牌建设、起源地文化与守正创新、起源地文化与产业融合发展、起源地文化与乡村振兴为核心，梳理中华优秀传统文化脉络，记录物质、非物质文化的起源，做学术研究，做综合服务，不忘本来、吸收外来、面向未来，致

2015年9月，"一带一路"探寻起源地万里行走进宁夏中宁活动正式启动，《中国艺术报》进行报道

力于推动中华优秀传统文化创造性转化、创新性发展，构筑中国精
神、中国价值、中国力量。

2017 年 1 月 17 日，由中国西部研究与发展促进会、中国文联民间文艺艺术中心、起源地文化研究中心、北京餐饮行业协会共同主办，起源地文化传播中心承办的首届中国起源地文化节在国家体育场鸟巢盛大举办，文化展品持续展出 20 天

在首届中国起源地文化节期间，来自北派酱香文化起源地承德琢酒馆的工作人员身着满族服饰在国家体育场鸟巢内进行民俗文化表演

京津冀探寻起源地文化万里行暨中国满族文化美食节在承德举办

中国（中宁）枸杞文化节文艺表演

第三章
民间文化起源地探源工程知识产权体系

第一节　知识产权概述

知识产权是起源地文化发展的重要组成部分，开展起源地文化相关工作就是知识产权的创造、保护、运用的过程。可以说，民间文化起源地探源工程的重要目的之一就是建立民间文化起源地的知识产权体系，从而为民间文化资源的创造性转化、创新性发展奠定坚实基础。创新是立身之本，知识产权是创新发展之基，保护起源地知识产权就是保护起源地文化创新。

一、知识产权简介

知识产权是指"权利人对其智力劳动所创作的成果和经营活动中的标记、信誉所依法享有的专有权利"，一般只在有限时间内有效，也称为"知识所属权"。知识产权从本质上说是一种无形财产权，它的客体是智力成果或是知识产品，是一种无形财产或者一种没有形体的精神财富，是创造性的智力劳动所创造的劳动成果。它与房屋、汽车等有形财产一样，都受到国家法律的保护，都具有价值和使用价值。有些重大专利、驰名商标或作品的价值要远远高于房屋、汽车等有形财产。

（一）著作权

著作权，又称版权，自然科学、社会科学以及文学、音乐、戏剧、绘画、雕塑、摄影和电影摄影等方面的作品组成版权。版权是法律上规定的某一单位或个人对某项著作享有印刷出版和销售的权利，任何人要复制、翻译、改编或演出等均需要得到版权所有人的许可，否则就是对他人权利的侵权行为。著作权是文学、艺术、科学技术作品的原创作者依法对其作品所享有的一种民事权利。

"中国起源地"标识作品登记证书

（二）商标权

商标权，是指商标主管机关依法授予商标所有人对其申请商标受国家法律保护的专有权。商标是用以区别商品和服务不同来源的商业性标志，由文字、图形、字母、数字、三维标志、颜

"起源地"商标注册证书之一

色组合和声音等，以及上述要素的组合构成。我国商标权的获得必须履行商标注册程序，而且实行申请在先原则。

（三）专利权

专利权，是指一项发明创造向专利局提出专利申请，经依法审查合格后，向专利申请人授予的在规定时间内对该项发明创造享有的专有权。根据《中华人民共和国专利法》规定，发明创造有三种类型，即发明、实用新型和外观设计。

二、知识产权制度的起源

知识产权制度起源于文艺复兴时期的意大利，为了保护技术发明人的权利和吸引更多的掌握先进技术的人才，威尼斯共和国在 1474 年颁布了世界上第一部专利法。该法规定，权利人对其发明享有 10 年的垄断权，任何人未经同意不得仿造与受保护的发明相同的设施，否则将赔偿百枚金币，并销毁全部仿造设施。这部法律确立了专利制度的基本原则，其影响延续至今。

在专利制度确立的同时，著作权制度也产生了。随着人类造纸和印刷技术的发明和传播，书籍成为科技知识和文学艺术的载体。1709 年，英国颁布了《安娜女王法》，率先实行对作者权利的保护。《安娜女王法》为现代著作权制度奠定了基石，被誉为著作权法的鼻祖。1790 年，依照《安娜女王法》的模式，美国制定了《联邦著作权法》。在英美强调版权的普通法系确立的同时，以法国和德国为代表的强调人格权的大陆法系也诞生了。1793 年法国颁布著作权法，不

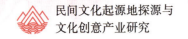
仅规定了著作财产权，而且还注意强调著作权中的人格权内容。该法成为许多大陆法系国家著作权法的典范。

商标保护制度也在 19 世纪初建立起来，这一制度最早起源于法国。1803 年法国在《关于工厂、制造场和作坊的法律》中将假冒商标按私造文书处罚，确立了对商标权的法律保护。1857 年法国又颁布了《关于以使用原则和不审查原则为内容的制造标记和商标的法律》，这是最早的一部商标法。随后欧美等国家和地区相继制定了商标法，商标保护制度逐步发展起来。

三、我国知识产权制度的发展

2021 年 7 月 1 日，迎来中国共产党成立一百周年。一百年来，中国共产党汇聚起亿万中华儿女朝着中华民族伟大复兴中国梦奋勇前进的信心和勇气，实现了从站起来、富起来到强起来的伟大飞跃。百年砥砺奋进，神州大地发生了天翻地覆的变化，我国的知识产权事业也实现了从无到有、从小到大的根本转变。随着时代的发展，社会各界对知识产权保护意识的不断增强，民间文化艺术领域知识产权保护从无到有、从小到大发生了质的变化。

我国知识产权保护工作，在新中国成立后不久就开始了。党的十八大以来，党中央高度重视知识产权保护工作，反复强调加强知识产权保护，把知识产权保护工作摆在更加突出的位置，部署推动了一系列改革，出台了一系列重大政策、行动、规划，实行严格的知识产权保护制度。我国知识产权事业不断发展，走出了一条中国特色知识产权发展之路，知识产权保护工作取得了历史性成就，全社会尊重和保护知识产权意识明显提升。

1950 年，新中国成立之初，尽管面临国内艰巨繁重的恢复重建任务和国际上的一些封锁，我国依然制定颁布了《保障发明权与专利权暂行条例》《商标注册暂行条例》等知识产权法规，对实施专利、商标制度作出了初步探索。

1978 年，党的十一届三中全会召开后。在党作出实行改革开放的历史性决策部署的大背景下，我国知识产权制度伴随着改革开放建立和发展起来。

1979 年，专利法起草小组先于中国专利局成立。然而，专利法起草工作的难度，不止于时间的紧迫和经验的缺失，更有因时代局限而带来的激烈争论。当时有人认为我国技术水平较低，实行专利制度弊多利少，更有甚者认为专利制度与社会主义制度不相容，与国家体制无法适应。

1980 年，国家知识产权局的前身中国专利局成立，我国也在这一年正式加入世界知识产权组织。

1982 年，第五届全国人民代表大会常务委员会第二十四次会议审议并通过了《中华人民共和国商标法》，开创了我国知识产权立法之先河，标志着我国知识产权法制建设步入崭新阶段。当然，作为"舶来品"的知识产权制度，其最初的发展也绝非一帆风顺。这样的矛盾，在专利法的制定与实施过程中尤为凸显。

1984 年，邓小平同志高瞻远瞩，作出了"专利法以早通过为好"的果断决策，为我国专利制度的建立和发展铺平了道路。

1984 年 3 月 12 日，第六届全国人大常委会第四次会议表决通过

了《中华人民共和国专利法》，并于 1985 年 4 月 1 日起实施。此后，
我国相继加入了专利、商标、版权等领域的多个知识产权国际公约，
在较短的时间内实现了知识产权制度与国际接轨。

1992 年，我国与其他相关国家签署了关于保护知识产权的谅解
备忘录，为履行其中的承诺，我国相继对专利法、商标法、著作权法
进行了修订。

1998 年 3 月，中国专利局正式更名为国家知识产权局，并成为
国务院直属机构。这是我国政府为加强知识产权保护所采取的重大举
措，也标志着我国知识产权事业进入了一个新的发展时期。

2000 年前后，为满足世界贸易组织关于《与贸易有关的知识产
权协定》的规定，我国又对相关知识产权法律制度进行了修订完善。
目前，我国已经加入了几乎所有主要的知识产权国际公约，建立了门
类较为齐全的知识产权法律法规，全面履行知识产权保护职责。而在
与法律制度建设所平行的另一条发展轨道上，我国知识产权事业发展
的政策体系和机构设置也在不断完善。

2008 年 6 月 5 日，伴随着《国家知识产权战略纲要》的出台，我
国将知识产权上升为国家战略。此后，国务院常务会议研究建立了知
识产权战略实施工作部际联席会议制度，批准成立了全国打击侵犯知
识产权和制售假冒伪劣商品工作领导小组，批复同意建立推进使用正
版软件工作部际联席会议制度。

2018 年，党的十九届三中全会作出深化党和国家机构改革的决
定，通过了《深化党和国家机构改革方案》，为知识产权事业发展作
出了顶层设计。我国组建了国家市场监督管理总局，重组了国家知识

产权局，完善了版权管理体制，不仅实现了商标、专利、原产地地理标志的集中统一管理，也实现了对商标、专利的综合执法。

2020 年，第十三届全国人大常委会第二十二次会议表决通过修改后的《中华人民共和国专利法》。修改后的专利法将法定赔偿额上限提高至 500 万元、下限提高至 3 万元，于 2021 年 6 月 1 日起施行。

到 2035 年，我国将基本建成知识产权强国，使我国知识产权创造、运用、保护、管理和服务跻身国际先进行列，让知识产权成为驱动创新发展和支撑扩大开放的强劲动力。到 21 世纪中叶，我们将全面建成中国特色、世界水平的知识产权强国，使我国知识产权创造、运用、保护、管理和服务居于世界领先水平，让知识产权成为经济社会发展强有力的技术和制度供给。面对百年未有之大变局，知识产权事业发展面临更多机遇和挑战，一是要深刻理解和认识"知识产权保护是首要任务"的理念；二是要积极发挥知识产权促进作用；三是要充分发挥民间文化起源地作为知识产权运用转化主力军的作用。

第二节　民间文化起源地探源工程知识产权体系

一、民间文化起源地探源工程知识产权体系构建

中国起源地标识

"中国年文化节"著作权在国家版权局登记

民间文化起源地探源工程开展实施后即制定了知识产权保护方案。起源地文化传播中心对"中国起源地""中华源字号""中国旗袍文化节""中国葫芦文化节"等作品进行了著作权登记，申请了"起源地""源字号"等300项全类别商标保护，获得国家知识产权局商标局颁发的证书，有效地保护了起源地文化知识产权。截至2021年8月，民间文化起源地探源工程已取得由国家版权局统一监制的作品登记证书（版权）429件，包括中国旗袍文化节、中国年文化节、中国品牌文化节、中国葫芦文化节、中国起源地文化节、中国起源地文化论坛、中国

纸上刀绘文化节、中国福文化大会、中国喜文化节、中国传统节日文化大会、中国满绣文化节、中国服饰文化节、中国妈祖文化国际发展论坛、中国早立子文化节、中国阿胶文化大会、中国古戏台文化节、中国谚语文化节、中国课本文化节、中国笑话文化节、中国包酒文化节、中国亚麻文化节、中国潞绸文化节、中国砖雕文化节、中国沉香文化节、饺子文化节等，注册商标 485 件，包括起源地、起源人、起源库、起源馆、起源云、起源号、起源网、源字号、源贡、源宝、源拍拍、知拍拍、源奢、来源标签、来源地、源宝点金、今日粮源、葫芦印象、精卫印象、精卫源、露营文旅小镇、堂号、塞外水乡、寻根探源、源宝文化商城等。

二、民间文化起源地探源工程知识产权特征

民间文化起源地探源工程知识产权保护分为商标权保护、专利权保护、著作权保护，主要内容包括民间文化、民间习俗、节日节庆、民间艺术、传统技艺、传承人、创始人、农耕文化、地名、民间品牌、综合等类别起源地的民间文化的知识产权保护。

民间文化起源地探源工程的知识产权保护是一个涉及国家文化安全，涉及区域性、团体权益和个体权益关系等方面的课题，具有其他领域知识产权保护不具备的特殊复杂性，其有四个方面的特征：一是民间文化起源地的"多元一体"和"多源一脉"特性给寻根探源工作带来较大难度，从而导致"确权难"的问题；二是长期以来社会上对民间文化起源地品牌、知识产权意识淡薄，保护乏力，知识产权容易被剽窃，从而形成知识产权"观念淡"的问题；三是民间文化知识产权的维权周期长、成本高，从而导致"维权难"的问题；四是民间文化知识产权的应

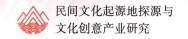
用价值和体现形式具有多面性，存在"不明确"的问题。

民间文化起源地探源工程知识产权保护具有广泛性和代表性。进入新时代，让民间文化起源地与时尚相结合，让民间文化起源地与国际潮流相融合，让隐藏在山水间的乡风民俗成为荧屏上的焦点，是民间文化起源地探源工程的责任和使命。其中，知识产权的保护和运用将会发挥更重要作用。做好民间文化起源地探源工程知识产权保护工作是激活文化资产价值的有力手段，只有通过实施全方位的、严格的知识产权保护，才能更好地激活和展示民间文化起源地的多元价值。

三、民间文化起源地探源工程知识产权特色

（一）在文化产业创新发展中占据核心地位

国家"十四五"规划强调，要以知识产权利益分享机制为纽带，以知识产权运营平台为载体，促进创新成果知识产权化、知识产权产业化，努力提升知识产权对国家经济社会发展的贡献度。文化产业的发展离不开知识产权制度和版权经济，作为现代化经济体系的重要指标之一，版权经济蕴含着巨大的发展潜力。如今我国在知识产权保护方面取得了不错的进展，文化创意产业与版权价值产业链的互补融合，是解决我国文化产业目前单一收入模式的有效途径，而版权价值产业链的核心是保护著作权人的利益，以激励内容的创造积极性。起源地文化是丰富的知识产权宝库，是中华优秀文化的重要组成部分，民间文化起源地的核心就是知识产权，未来起源地文化产业的核心动力、核心竞争力也是知识产权，知识产权保护与应用贯穿民间文化起源地发展的全过程。

（二）由保护向创新转型

近年来，起源地文化研究中心致力于起源地文化知识产权的保护，如中国旗袍文化起源地、中国葫芦文化起源地、中国精卫文化起源地、中国饺子文化起源地、北派酱香酒文化起源地、中国纸上刀绘文化起源地、盛京满绣文化起源地、中国美发行业文化起源地均已在国家版权局、国家知识产权局商标局进行登记或注册。起源地文化传播中心联合知识产权出版社出版了《中国起源地文化志系列丛书》之《中国旗袍文化·沈阳卷》《中国葫芦文化·天津宝坻卷》《中国精卫文化·山西长子卷》《天妃文化在宁波》等。充分总结起源地文化知识产权保护的理论和经验，在此基础上开拓创新，积极建设起源云——中国文旅科教云平台、起源馆、起源人、起源库、中国品牌文化节活动、中国年文化节活动、学术论坛、研讨会等创新项目，努力走好民间文化起源地探源工程知识产权创新转化的发展道路。

《中国起源地文化志系列丛书》之《中国旗袍文化·沈阳卷》　《中国起源地文化志系列丛书》之《中国葫芦文化·天津宝坻卷》　《中国起源地文化志系列丛书》之《天妃文化在宁波》

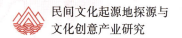
第三节 民间文化起源地探源工程知识产权的管理与应用

一、民间文化起源地探源工程知识产权管理

1. 工作职责

由起源地文化传播北京中心统一安排，负责管理工作，在服务好成员单位、合作单位及业务单位的知识产权登记申请和注册受理工作前提下，拓展知识产权相关业务工作。

2. 人员构成

以起源地文化传播中心为核心，内设部门负责人 1 名、图文设计 1 名、业务人员若干。

3. 工作流程（以版权登记流程为例）

（1）数列知识产权清单；

（2）整理、收集相关材料并确认思想；

（3）修改、确认、报价；

（4）整理文书、申请人签字 / 盖章；

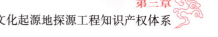

（5）登记注册；

（6）国家知识产权局审查（周期三个月）；

（7）下发证书。

二、民间文化起源地探源工程知识产权应用

以沈阳市饺子文化起源地课题研究和饺子文化起源馆为例，2018年，饺子文化起源地研究课题在沈阳开展并结项，饺子文化起源地知识产权体系建设随之开展。饺子文化起源地知识产权体系建设，围绕4个方面展开：

（1）饺子饮食文化体系国家行业标准制定，包括原料、制作、包装、卫生、储存等；

（2）饺子制作技艺、饺子生活习俗申报各级非遗名录；

（3）饺子文化及其相关的著作权、商标权的登记和注册；

（4）饺子文化起源馆的知识产权体系建设，包括名称、标识、外形、结构、设计、系列产品、系列品牌、系列活动、相关发明等。

三、民间文化知识产权典型案例

什么是民间文化起源地知识产权？如何才能运用好民间文化起源地知识产权？民间文化起源地知识产权是一个大的概念，做好民间文化起源地知识产权运用，要从专利、商标、版权三个模块做好保护工作。只有深刻认识民间文化起源地知识产权的作用，民间文化起源地知识产权所有人才能够获取民间文化起源地知识产权运用的方法，从而在民间文化起源地资源的保护和利用过程中用好民间文化起源地知

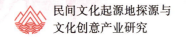
识产权。民间文化起源地知识产权是无形的价值体现，包括专利、商标、版权三个重要的领域。运用好民间文化起源地知识产权，就要维系知识产权所有者、传播者与社会大众之间的利益平衡的关系。

【著作权领域】

民间文化作品是《中华人民共和国著作权法》保护的重要客体，也是我国民间文化遗产的重要组成部分。对其进行立法保护是一种需要，也成为一种趋势。

案例回顾：2010 年 1 月 21 日，贵州省安顺市文体局以侵犯著作权为由将导演张某谋、制片人张某平及出品人北京新画面影业有限公司诉至北京市西城区人民法院。安顺市文体局诉称，《千里走单骑》在拍摄时，安顺市 8 位地戏演员应邀表演了"安顺地戏"，后被剪辑到影片中，但影片却称此为"云南面具戏"。安顺文体局认为，张某谋等人将特殊地域性、表现唯一性的安顺地戏误导成云南面具戏，这一做法，歪曲了安顺地戏这一非物质文化遗产和民间文学艺术，侵犯了其署名权。

法院判决：2011 年 5 月，北京市西城法院作出一审判决，法院认为影片虽将"安顺地戏"改称为"云南面具戏"，但这种演绎拍摄手法符合电影创作的规律，区别于不得虚构的新闻纪录片，而且张某谋等人主观上并无侵害非物质文化遗产的故意和过失，故法院驳回了安顺市文体局的起诉。一审宣判后，安顺市文体局向北京市第一中级人民法院提起上诉。2011 年 9 月，一中院作出终审判决，认为安顺地戏属于民间地戏作品，但至今为止对于民间地戏作品国务院没有相应的规定出台，因此只能适用《著作权法》。由于安顺地戏不是一个作者，也不构成作品，所以不享有署名权，最终驳回了安顺市文体局的起诉。

点评：该案被称为"中国民间文化保护第一案"，曾一度引起社会和业内专家的广泛关注。为了审理此案，一审法院专门邀请多位著名法学专家、学者对该案进行分析，该案的发生也给法律界提出了新的课题。2006年，文化部出台了《国家级非物质文化遗产保护与管理暂行办法》，该暂行办法基本上是从行政管理的角度对非遗保护工作进行了明确，但对于作为非物质文化遗产的民间文学艺术的权利主体、权利内涵和外延以及保护的具体方式等，都没有给出一个明确的答案。这方面的探索任重道远。

【商标领域】

案例回顾：原告山东鲁锦实业有限公司（以下简称鲁锦公司）诉称：被告鄄城县鲁锦工艺品有限责任公司（以下简称鄄城鲁锦公司）、济宁礼之邦家纺有限公司（以下简称礼之邦公司）大量生产、销售标有"鲁锦"字样的鲁锦产品，侵犯其"鲁锦"注册商标专用权。鄄城鲁锦公司企业名称中含有原告的"鲁锦"注册商标字样，误导消费者，构成不正当竞争。"鲁锦"不是通用名称，请求判令二被告承担侵犯商标专用权和不正当竞争的法律责任。

被告鄄城鲁锦公司辩称：原告鲁锦公司注册成立前及鲁锦商标注册完成前，"鲁锦"已成为通用名称。按照有关规定，其属于"正当使用"，不构成商标侵权，也不构成不正当竞争。被告礼之邦公司一审未作答辩，二审上诉称："鲁锦"是鲁西南一带民间纯棉手工纺织品的通用名称，不知道"鲁锦"是鲁锦公司的注册商标，接到诉状后已停止相关使用行为，故不应承担赔偿责任。

山东省济宁市中级人民法院于 2008 年 8 月 25 日判决：（1）被告鄄城鲁锦公司于本判决生效之日立即停止在其生产、销售的第 25 类服装类系列商品上使用"鲁锦"作为其商品名称或者商品装潢，并于本判决生效之日起 30 日内，消除其现存被控侵权产品上标明的"鲁锦"字样；被告礼之邦公司立即停止销售被告鄄城鲁锦公司生产的被控侵权商品。（2）被告鄄城鲁锦公司于本判决生效之日起 15 日内赔偿原告鲁锦公司经济损失人民币 25 万元；被告礼之邦公司赔偿原告鲁锦公司经济损失人民币 1 万元。（3）被告鄄城鲁锦公司于本判决生效之日起 30 日内变更企业名称，变更后的企业名称中不得包含"鲁锦"文字；被告礼之邦公司于本判决生效之日立即将其位于济宁运河路商业街 3 号店堂门面上的"鲁锦"字样消除。

鄄城鲁锦公司、礼之邦公司不服一审判决，向山东省高级人民法院提起上诉。山东省高级人民法院经审理认为，根据本案事实可以认定，在 1999 年鲁锦公司将"鲁锦"注册为商标之前，"鲁锦"已是山东民间手工棉纺织品的通用名称，"鲁锦"织造技艺为非物质文化遗产。鄄城鲁锦公司、济宁礼之邦公司的行为不构成商标侵权，也非不正当竞争。于 2009 年 8 月 5 日判决如下：（1）撤销山东省济宁市中级人民法院（2007）济民五初字第 6 号民事判决；（2）驳回被上诉人鲁锦公司的诉讼请求。

点评：本案是最高人民法院公布的指导案例 46 号（最高人民法

院审判委员会讨论通过，2015 年 4 月 15 日发布）。其典型意义在于，判断具有地域性特点的商品通用名称，应当注意从以下方面综合分析：（1）该名称在某一地区或领域约定俗成，长期普遍使用并为相关公众认可；（2）该名称所指代的商品生产工艺经某一地区或领域群众长期共同劳动实践而形成；（3）该名称所指代的商品生产原料在某一地区或领域普遍生产。

【专利领域】

案例回顾：上海晨光文具股份有限公司（以下简称晨光公司）是 ZL200930231150.3 号名称为"笔（AGP67101）"的外观设计专利的专利权人，申请日为 2009 年 11 月 26 日，授权公告日为 2010 年 7 月 21 日，目前处于有效状态。济南坤森商贸有限公司（以下简称坤森公司）在"天猫"网上经营"得力坤森专卖店"，销售得力集团有限公司（以下简称得力公司）生产的得力 A32160 中性笔。晨光公司认为该产品侵犯其涉案专利权，诉至法院。上海知识产权法院认为：授权外观设计的笔杆主体形状、笔杆顶端形状、笔帽主体形状、笔帽顶端形状、笔帽相对于笔杆的长度、笔夹与笔帽的连接方式、笔夹长出笔帽的长度等方面的设计特征，在整体上确定了授权外观设计的设计风格，而这些设计特征在被诉侵权设计中均具备，可以认定两者在整体设计风格及主要设计特征上构成近似。而被诉侵权设计与授权外观设计存在的四点区别设计特征，对整体视觉效果的影响有限，不足以构成对整体视觉效果的实质性差异。另外，授权外观设计的简要说明中并未明确要求保护色彩，且从图片或照片中显示的授权外观设计来看，其并不存在因形状产生的明暗、深浅变化等所形成的图案，故在侵权判定时，颜色、图案要素不应考虑在内。被诉侵权设计在采用与授权外观设计近似的形状之余所附加的色彩、图案等要素，属于额外增加的设计要素，对侵权判断不具有实质性影响。故被诉侵权产品构成对涉案专利权的侵犯，得力公司与坤森公司应承担停止侵权行为，得力公司赔偿晨光公司经济损失5万元并支付原告律师费用5万元。法院确定赔偿数额主要考虑了以下因素：（1）原告专利为外观设计专利；（2）专利有效期自2009年11月26日开始，侵权行为发生时保护期已近半；（3）笔类产品的利润有限；（4）消费者在选购笔类产品时，除形状外，笔的品牌、笔芯质量、外观图案、色彩等，都是其主要的考虑因素，即得力公司使用授权外观设计形状所获侵权利润只是被诉侵权产品获利的一部分。

点评：本案原、被告均为国内较有影响的文具生产企业，涉案产品为日常生活中常见的笔类产品，其外观设计侵权判断受主观因素的影响较大。本案对外观设计近似性判断的客观标准进行了探索，既考虑被诉侵权产品与授权专利的相似性，也考虑其差异性，就相同设计特征与区别设计特征对整体视觉效果的影响分别进行分析，得出认定结论。本案判决对于生活常见产品外观设计近似性的认定具有借鉴意义。此外，本案根据外观设计专利的特点，结合具体案情，确定法定赔偿额和被告应承担的原告律师费的数额，亦具有示范作用。

第四章
民间文化起源地信息数据标准

大数据、信息时代的到来为民间文化起源地研究带来了全新的视角和方法。2020 年 9 月，起源地文化传播中心与中国科学院自动化研究所共同成立了起源地信息数据标准化技术委员会。起源地信息数据标准化技术委员会主任由起源地文化传播中心执行主任、起源地城市规划设计院院长李竞生和中国科学院自动化研究所人工智能与数字医疗中心主任、物联网与智能感知实验室主任李学恩担任。起源地信息数据标准化技术工作的开展为进一步建立和完善起源地文化事业和文化产业信息数据标准体系，推动起源地文化与科技相融合，为起源地文化又好又快地发展奠定了坚实基础。

在起源地信息数据标准化工作会议上，起源地信息数据标准化技术委员会成立

第一节　民间文化起源地信息数据标准概述

一、民间文化起源地信息数据标准认证内容、领域和特性

民间文化起源地信息数据标准认证内容包括文化遗产、节庆节日、民间习俗、民间艺术、民间技艺、民间文化传承人、民间文艺创始人、民间体育、农耕文化、地名、综合类等。

民间文化起源地信息数据标准具有六个方面特性：

一是包容性，以现有标准（国家、行业、地方、企业）为基础，融入起源地认证元素。

二是无排他性，适用于任何行业、区域、企业、品牌，涵盖各行业、各相关企业和品牌，无论是物质还是非物质品类均可适用。

三是拓展性，通过"标准"推行认证，挖掘"中华源字号"，完善信息数据库、展开"起源云"等多元化服务，深入拓展"源头工程"，扩充服务内容，扩大服务范围。

四是唯一性，是国内唯一的起源地文化大数据库，唯一通过"中华源字号"标识认证加多维电子技术认证，确认物质与非物质文化起源地认证的标准体系。

五是利他性，完善认证主体的根源文化体系，增强文化自信的同

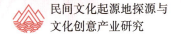

时巩固其传承发展基础。

六是开创性，具备现有"标准"的实施意义，但不限于现有"标准"的实施意义，将会邀请专业领域学者、行业专家、优秀创始人、行业代表性企业、企事业单位、社会组织共同起草。

二、民间文化起源地信息数据标准认证依据

（1）结合国家标准、国际标准、行业标准、团体标准进行整合认证。

（2）各领域专家、学者建立课题研讨商定。

（3）利用先进行业、先进设备进行检测认证，检测结果结合国家、行业相关指标进行认证评定，并由相关指导部门进行监督检测。

三、民间文化起源地信息数据标准制作的技术手段

充分发挥高科技的作用，依托中国科学院自动化研究所多个重点实验室，实验室设置精密级检测认证设备 40 台用于标准测算和制定，其中包括：

（1）稳定性同位素溯源技术。稳定性同位素溯源技术被认为是农产品产地判别中一项很有效的分析手段。它分为轻同位素（C.N.H.O 和 S）和重同位素（Sr 和 Pb）。物体内的同位素的影响因素为气候环境、代谢类型等，这使得来自不同地域及不同种类的食品原料的同位素自然丰度存在一定差异，这种差异携有环境因子的信息，反映生物体所处的环境条件生物体内的稳定性同位素组成了物质的自然属性，是物质的一种"自然指纹"，这种属性可用以区分不同来源的物质。

同位素的自然分馏效应是同位素溯源技术的基本原理和依据。

（2）物理近红外光谱分析技术。近红外光是一种介于可见光和中红外光之间的电磁波。美国 ASTM 规定近红外光谱波数范围为 $4000\sim12820cm^{-1}$，光谱范围为 $780\sim2526nm$，在这一区域内，一般有机物的近红外光谱吸收主要是含氢基团 X—H（主要有 O—H，C—H，N—H 和 S—H 等）的弯曲、伸缩、振动等引起的倍频和合频的吸收。根据朗伯－比尔吸收定律，随着样品结构或者成分组成的变化，其光谱特征也将发生变化。几乎所有的有机物的一些主要组成和结构在它们的近红外光谱中都可以找到特征信号。但由于近红外光谱区的谱带复杂，重叠严重，无法使用经典的定性、定量方法，必须借助于化学计量学中的曲线拟合、聚类分析、多元统计、多元校准等方法定标，将其所含的信息提取出来进行分析。近红外光谱差异主要是农产品中有机成分组成差异反应。

（3）矿物元素指纹图谱分析技术。矿物元素指纹图谱分析技术的原理是食品中的微量与痕量元素含量与当地的水、土壤密切相关，且不同地区有其各自的元素组成特征，从而形成具有不同产地代表的矿物元素指纹图谱。国际上矿物元素指纹分析技术在判别植源性农产品产地判别方面效果非常好。矿物元素检测指标种类多，采用 ICP-MS 法同时检测几十种矿物元素。国内外的研究侧重于筛选在地域之间具有显著差异的矿物元素指标，再通过逐步判别、聚类、主成分等分析方法对这些元素进行筛选和降维，以确定食品产地溯源最有效的指标。

（4）电子鼻技术。电子鼻是一种适用于测量系统中一种或多种气味物质的气体敏感系统。经其检测得到的信息可用于表示样品中的隐含特征，是样品中挥发性成分的整体信息。除此之外，电子鼻技术可用于研究食品产地溯源方法的成因，可根据样品的不同气味显示出不同的信号，这些信号可用于与由大量样品建立的数据库中的信号进行比对，进一步分类识别。

（5）化学方法溯源"同位素溯源"。同位素溯源技术的基本原理与依据是同位素的自然分馏效应。稳定同位素比值可以反映动植物种类及其所在环境，因此稳定同位素可用来提供食品信息，用作食品溯源研究。

（6）物联网以及标签溯源。物联网是在互联网的基础上发展而来的物与物之间互联的技术。物联网一般由射频识别系统、产品命名服务器、信息服务和应用管理系统四部分组成。其中RFID是物联网溯源的基本技术，是一种非接触式的自动识别技术，它通过射频信号自动识别目标对象并获取相关数据。标签溯源主要是利用条码技术并结合相应的硬件设备进行溯源。

（7）矿物元素溯源。植物中的矿物元素的成分与含量与食品所处的环境密切相关，且矿物元素比较稳定，因此利用矿物元素进行植物产地溯源切实可行；动物体内的矿物元素也会显现出地区差异性。在国内外都有利用矿物元素进行溯源的实例。在国外方面，Hernández等人利用原子吸收分光光度法测定了来自加那利群岛和其他地方生产的116份蜂蜜样品中的10种金属含量，并通过主成分分析、聚类分析、判别分析和逻辑回归分析，最后成功确定了蜂蜜样品的起源。

（8）DNA溯源。DNA溯源技术是生物溯源的重要方法之一。

DNA 溯源技术源于 DNA 的遗传与变异，每一个个体都有着独一无二的 DNA 序列，因此其对应的 DNA 图谱也独一无二，可以用来标记不同生物个体。

（9）虹膜技术溯源。虹膜是位于瞳孔和巩膜之间的部位，虹膜的形成由遗传基因决定，自然界中不可能出现两个虹膜完全相同的情况，因此虹膜可作为生物身份标识物。应用虹膜特征技术对大型动物进行身份标识，再结合条码及物联网技术就可做到对大型动物食品进行跟踪与监督。Flom 和 Safir 在 1987 首次提出运用虹膜进行生物特征识别的概念，虹膜识别作为一种稳定有效的生物特征识别方式，应用于大型动物识别中，可以排除其他动物识别系统中的欺骗和设备功能异常现象。

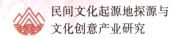
第二节　民间文化起源地信息数据标准分类和特性

一、民间文化起源地信息数据标准分类及数据标准依据

根据民间文化起源地探源工程分类，民间文化起源地信息数据标准围绕物质类、非物质类、产品类展开。

1. 物质类

物质类，分为起源地时间测算标准、空间测算标准、物质特性测算标准三个部分。时间测算标准、空间测算标准、物质特性测算标准依据高科技测试手段提出数据标准。

2. 非物质类

非物质类，分为起源地时间测算标准、空间测算标准、非物质特性测算标准三大部分。时间测算标准、空间测算标准、非物质特性测算标准依据所属起源地特殊的文化属性、精神属性、地域属性提出标准依据。

3. 产品类

产品类，分为起源地产品时间测算标准、空间测算标准、物质特性测算标准三大部分。时间测算标准、空间测算标准、物质特性测算标准依据高科技测试手段提出数据标准。

二、民间文化起源地信息数据标准特性

1. 普遍性与客观性

民间文化起源地是在不断发展和变化的，其所表达出来的信息却是无时无刻，无所不在。因此，其信息是普遍存在的，是不以人的主观意志为转移的；其信息也是客观的。民间文化起源地信息数据标准，就是建立在其普遍性与客观性基础上的数据信息，并确定的标准化数据。

2. 依附性

信息不是具体的事物，也不是某种物质，而是客观事物的一种属性。民间文化起源地信息依附于起源地的物质与非物质媒介而存在，同一个信息可以借助不同的信息媒介表现出来，如文字、数字、图形、图像、声音等，因此民间文化起源地信息数据标准的表现形式是多样的。

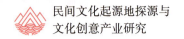
3. 共享性与实用性

信息是一种资源，具有使用价值。信息传播的范围越广，使用信息的人越多，信息的价值和作用会越大。信息在复制、传递、共享的过程中，可以不断地重复产生复制品，而其本身信息不会减少，也不会被消耗掉。民间文化起源地信息数据标准的确定，为其所蕴含信息的共享和利用提供了更加广阔的空间。

4. 时效性

随着民间文化起源地的发展与变化，其信息的可利用价值也会相应地发生变化，必须及时获取信息、利用信息，这样才能体现信息的价值。信息数据标准的确定，可为信息的获取和利用带来高效和便利。

5. 传递性

民间文化起源地信息通过传输媒体的传播，可以实现信息在时间、空间上的传递。而信息数据标准的确定，给这种传播附加了更大的社会效益和经济效益。

第三节　民间文化起源地信息数据标准应用

民间文化起源地信息数据标准认证，可用于树立文化事业和文化产业领域的行业标杆，杜绝文化抄袭，为维护民间文化起源地知识产权发挥巨大作用。

一、知识产权保护

建立民间文化起源地信息数据标准体系之后，可以最大程度避免相关知识产权被盗用、仿冒等侵权现象。

二、产品认证

民间文化起源地信息数据标准认证，可以树立有效标准，指导消费者以及各行业产品生产者选购、生产高质量的原产地产品，给消费者提供优质原产地产品，为销售者带来更多收益和利润，帮助生产企业建立健全高效的质量管理体系，节约大量检验费用；可以将推行产品认证制度作为提高产品质量的重要手段，实行强制性的安全认证制度，成为保护消费者人身安全和健康的有效手段，提高产品在国际市场上的竞争能力。

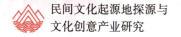
三、定制价格体系

通过制定溯源标准，定制出合理的价格体系，有助于市场环境健康发展。

四、塑造地域文化品牌

民间文化起源地信息数据标准认证，有利于发展地方文化旅游，宣传推广地域文化，树立地域文化品牌和区域文化自豪感。

例如，沈阳旗袍文化起源地的信息数据标准体系建设是围绕以下四个方面展开的：

（1）旗袍文化体系国家行业标准制定，包括原料、制作、包装、样式、设计、展示、表演等。

（2）盛京满绣和满族传统旗袍制作技艺、旗袍服饰习俗的数据信息标准体系，以及盛京满绣和满族传统旗袍制作技艺传承人、旗袍服饰习俗传承人数据信息标准体系的制定。

（3）旗袍文化起源地文创产品及其相关衍生品的数据信息标准制定。

（4）制定旗袍文化起源馆的信息数据标准体系，包括名称、标识、外形、结构、设计、系列产品、系列品牌、系列活动、相关发明等信息数据标准。

第五章
民间文化起源馆及其设置

第一节　民间文化起源馆的概念和特色

民间文化起源馆已注册商标，它是民间文化起源地探源工程的重要品牌，由起源地城市规划设计院提供规划设计和运营实施方案，是集展览展示、研学旅行、体验中心、地标文化、文化美食于一身的产学研一体化的综合体，也将成为民间文化起源地新地标和网红打卡地。

民间文化起源馆（以下简称起源馆）是建立在民间文化起源地课题研究基础上，以民间文化起源地知识产权保护体系为依托，融合多种业态、采用当代高新技术营造的创新型文化产业空间。

起源馆具有以下三大特色：

一是不同于传统意义上的博物馆、展览馆，起源馆是"馆"又不局限于馆，既有固定的时空结构，具备收藏博物、展示展陈、传授知识、专项研究的传统功能，又兼具开放的时空布局，将历史与未来、室内与室外、白天与夜晚、国际与国内、农耕与现代融为一体，使文创、研学、体验、商旅、科普、潮玩、电商等时代元素通过高新技术手段得到充分体现，成为一个全新的文化产业空间。

二是起源馆建立在民间文化起源地课题深入研究的基础上，在多学科研究成果的基础上完成，具有坚实的理论基础，具备创新的发展理念和不断提升扩展的发展空间。

三是起源馆具备完备、独立的知识产权体系，受到法律的保护，起源馆的构思、设计、施工、运营将为新型文化产业业态探索新的发展路径。

起源馆是一篇大文章，是民间文化诞生之地、衍生之地、发展之地、圆梦之地。起源馆是蕴藏丰富的综合体，既有相对稳定不变的客观环境的硬件基础，又有充溢生命、保有温度的活体精神软件——历史地理、文化艺术、科学技术。起源馆既属无所不在的人类赖以生存发展的物质要素，又属无孔不入的人类活动的精神基因。起源馆的创意，体现中国符号、中国方案，成为文化自信、文化强国的应有之义。起源馆将起源地资源的深度保护与合理应用落地为多业态实体，融入百姓衣食住行之中，其价值巨大、意义深远。

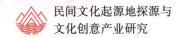
第二节　民间文化起源馆内容版块和结构设计

起源馆内容——八大版块：一是展览展示区，二是数字放映区，三是文创农创区，四是研学旅行区，五是娱乐互动区，六是艺术表演区，七是消费体验区，八是传播推广区。

起源馆结构——五条脉络：一是文脉，即民间文化起源地的历史文化脉络；二是地脉，即民间文化起源地的地理空间脉络；三是人脉，即民间文化起源地的民间传承脉络；四是业脉，即民间文化起源地的多元业态脉络；五是绿脉，即民间文化起源地的生态环境脉络。五脉相互连接，融会贯通，形成一体化、充满生机的多业态产业空间。

起源馆设计——"622"法则：60%的内容为起源地特色民间文化样式的内容，包括代表性民间文化的时间、空间、民间展示，代表性特色民俗展示，代表性传承人与各界名人展示，代表性节日展示，代表性故事、传说及艺术作品、制作技艺展示等；20%为起源地地域文化背景及相关内容，包括地理标志性建筑展示及所在地特色产品展示等；20%为国际、国内相关文化样式的内容，一般围绕起源馆特色内容的国际、国内比较与传播展开。

第三节　民间文化起源馆设置及应用

实施起源馆的宏大项目，只能一步一个脚印摸索前行。其间，顶层设计、长远规划是必须的，然而，抉择"微点"试验，先行一步，成为迫在眉睫的当务之急。因此，无论宏观还是微观，均要有高标准的文案，要

饺子文化起源馆标志

有样板来示范。建设起源馆重在谋划、顶层设计，关键在落实并运营。下面以沈阳饺子文化起源馆为例予以说明。

一、饺子文化起源馆的总体定位

饺子文化以包容、喜庆、和谐、团圆、感恩为核心，饺子文化起源馆是建立在饺子文化起源地课题研究基础上，在饺子文化系列知识产权体系上营造的创新型文化产业综合体。饺子文化起源馆集饺子文化、食品科技、研学旅行、科普展览、文创农创、餐饮娱乐、体验互动于一体，是沈阳市文化产业新地标，也是中国饺子文化新地标。沈阳作为饺子文化起源馆总馆，具有深厚的社会、经济、文化基础，以

饺子文化起源馆为核心，整合各地饺子文化资源，打造中国饺子全产业链，把传统饮食与文化创意产业密切结合起来，以饺子文化为载体，把文化、旅游、科技、教育融为一体，发展集生活、生产、生态于一体的饺子文化产业链集群，营造地域文化产业新业态。

1. 饺子文化起源馆的规划策略

以饺子文化为核心，将饺子"文化＋旅游＋科技＋教育＋贸易"深度融合，升级新时代文化产业综合体。讲好中国故事，推进国际贸易和多元交流，营造饺子文化国际产业链。

饺子文化起源馆规划策略图

2. 饺子文化起源馆的创建思路

创建思路就是长规划、短切入，即充分利用现有的饺子文化资源，创新思维，节约成本，体现饺子文化的地域文化独特性，凸显饺子文化的形态多样性；依托区域要素禀赋和比较优势，挖掘沈阳最有优势、最有能力、最能成长的老边、大青花等饺子企业的潜力，并联合各地知名饺子企业，由饺子文化起源馆孵化出具有可持续竞争、可持续发展特征的饺子文化百年品牌，建立饺子文化产业综合体。

3. 饺子文化起源馆的总体目标

通过饺子文化起源馆的规划建设，发展饺子文化产业，传播饺子文化，带动沈阳及其周边地区的经济、文化发展。同时，从文化、科技、旅游、教育、贸易、消费等方面满足各类人群的需求，最终建设成为具有国际影响力的行业地标。

饺子文化起源馆愿景

4. 饺子文化起源馆的预期投资和收益

沈阳饺子文化起源馆建设时间周期为 3~5 年；起步投资为 5000 万元；年营业收入为 2000 万元；规划设计投资比例为 9%；吸纳新增就业岗位 300 个；年接待游客 20 万人（次）；预计 5~10 年营业收入为 2000 万 ~1 亿元 / 年。

二、内容设计

饺子文化起源馆内容由八大版块组成，沿着五条脉络展开，按照"622"法则分配。

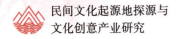

1. 八大版块

展览展示区：地标大道、多元展示图；

数字放映区：六类体验；

文创农创区：饺子六类文创、六类农创；

研学旅行区：饺子八类制作；

娱乐互动区：饺子文化的体验互动；

艺术表演区：饺子主题演艺；

消费体验区：饺子大餐、饺子主题文化超市；

传播推广区：企业文化展示、商务推广合作。

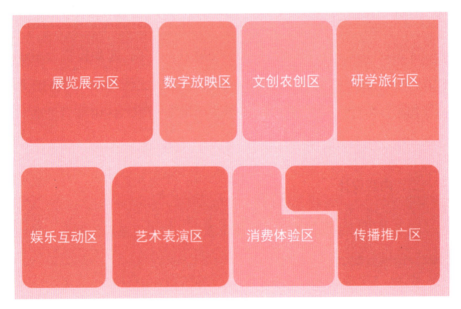

起源馆内容的八大版块

2. 五条脉络

一是文脉，即饺子文化起源地的历史文化脉络；

二是地脉，即饺子文化起源地的地理空间脉络；

三是人脉，即饺子文化起源地的民间传习传播脉络；

四是业脉，即饺子文化起源地的多元业态脉络；

五是绿脉，即饺子文化起源地的生态环境脉络。

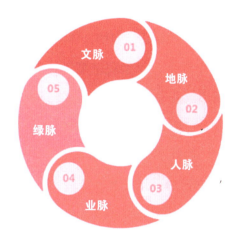

起源馆结构的五条脉络

3. "622" 法则

60% 为主题饺子板块，包含饺子文脉与历史演变、饺子与民俗、饺子与名人、饺子与节日、饺子与城市、饺子与传说。

20% 为地域文化板块，包含沈阳地标、沈阳代表性文化和历史。

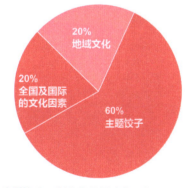

■ 主题饺子 ■ 全国及国际的文化因素 ■ 地域文化

起源馆设计的 "622" 法则

20% 为全国及国际的文化因素板块，包含健康主题、全球文物记录史、面粉文化。

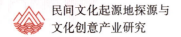
三、产业布局

一期（2021年至2022年，初期阶段）：

参观游览、购物、体验、娱乐休闲功能稳步开展，启动实施项目10个以上，年参观游览量达80万人次，年收入达到800万元，吸纳新增就业岗位100个，初步打响饺子文化起源馆的知名度。

二期（2023年至2024年，中期阶段）：

启动实施项目20个以上，完成八大板块建设。起源馆的年游览量达到150万人次，年收入达到1500万元，吸纳新增就业岗位200个。基本完成饺子文化起源馆的核心建设，使集展览展示、研学旅

一期	二期	三期
2021年至2022年 **初期阶段**	**2023年至2024年** **中期阶段**	**2025年至2035年** **后期阶段**
· 参观游览、购物、体验、娱乐休闲功能稳步开展，启动实施项目10个以上 · 年参观游览量达80万人次 · 年收入达到800万元，吸纳新增就业岗位100个 · 初步打响饺子文化起源馆的知名度	· 启动实施项目20个以上，完成八大板块建设 · 年游览量达到150万人次 · 年收入达到1500万元，吸纳新增就业岗位200个 · 基本完成饺子文化起源馆的核心建设，使集展览展示、研学旅行、体验、文化交流、旅游、购物、数字化、娱乐为一体的核心区初具规模	· 引入国内外相关产业项目企业10家以上 · 成为全国饺子文化地标以及全国知名特色的新型旅游综合体景区、网红打卡地，并打造其国际知名度 · 年游览量达到300万人次 · 年收入达到2000万元，吸纳新增就业岗位300个 · 2025—2035年，年收入从2000万元增长到一亿元

饺子文化起源馆产业布局

行、体验、文化交流、旅游、购物、数字化、娱乐为一体的核心区初具规模。

三期（2025 年至 2035 年，后期阶段）：

引入国内外相关产业项目企业 10 家以上，成为全国饺子文化地标以及全国知名特色的新型旅游综合体景区、网红打卡地，并打造其国际知名度，年游览量达到 300 万人次，年收入达到 2000 万元，吸纳新增就业岗位 300 个，至 2035 年，年收入从 2025 年的 2000 万元增长到 1 亿元。

四、饺子文化起源馆知识产权体系建设

饺子文化起源馆知识产权体系建设围绕以下几方面开展：

第一，饺子饮食文化体系国家行业标准制定，包括原料、制作、包装、卫生、储存等。

第二，饺子制作技艺、饺子生活习俗及其传承人申报各级非遗名录和非遗传承人名录。

第三，饺子文化起源地及其相关作品、产品、创新发明的著作权、商标权、专利权。

第四，饺子文化起源馆的知识产权体系，包括名称、标识、外形、结构、设计、系列产品、系列品牌、系列活动、相关发明等。

饺子文化知识产权建设

第六章

民间文化起源地探源工程数据平台——起源云

第一节　起源云平台概述

中国民间文艺家协会名誉主席、天津大学冯骥才文学艺术研究院院长冯骥才先生曾经说过："我国最大的物质文化遗产是长城，最大的非物质文化遗产是春节，而我们最大的物质和非物质文化遗产结合的产物就是古村落。"作为民间文化工作者和起源地文化工作者如何使这些宝贵的文化遗产"活起来""动起来"？这是大家要认真思考的问题。

民间文化起源地探源工程的目的就是要从源头上梳理、积聚宝贵的民间文化资源，进而运用当代高新技术手段，努力实现民间文化资源的创造性转化、创新性发展。"起源云"就是在这样的背景下诞生的。

起源云标志

起源云是由起源地文化传播（北京）中心和起源地商贸（北京）有限公司自主研发、运营的中国文旅科教综合服务云平台，包含互联网、App 客户端、微信小程序、微信公众号等多个应用端口。起源云——中国文旅科教云平台（www.qiyuandi.net）是民间文化起源地探源工程近十年来充分结合丰富经验、研究成果、产业发展成果、科技创新成果打造的创新性文旅科教云平台和知识服务体系。起源云是新时代文化电商、知识产权赋能创新型平台，是起源地文化传播中心旗下的中国文旅科教等行业的综合服务云平台，是起源地大数据库信息系统，是品牌、产品、文化、旅游、科技、教育等领域起源的源头数据库，提供源视频、源声音、源品牌、源文创、源产品、源作品、源思想、源课程、源直播、源资讯等内容，通过微信一键登录。起源云为广大用户提供起源号服务功能，各企事业单位可以在起源云上开设自己的云平台。目前，已取得工业和信息化部颁发的增值电信业务经营许可证（编号：京 B2-20202357）和艺术品经营单位许可证（编号：京海艺〔2020〕0115 号）等相关许可证件。

一、起源云平台是民间文化探源工程的数据库和技术支撑，是民间文化起源地探源工程的记录、存储、传播平台，也是民间文化起源地研究成果转化的孵化器

起源云旨在通过当代信息技术，促进民间文化和科技深度融合，全面提升文化科技创新能力，转变文化发展方式，推动文化事业和文化产业更好更快发展，满足人民精神文化生活新期待，增强人民群众的获得感和幸福感，实现加强民间文化共性关键技术研发、完善民间文化科技创新体系建设、加快文化科技成果产业化推广、加强文化大数据体系建设、推动媒体融合向纵深发展、促进内容生产和传播手段现代化、提升文化装备技术水平、强化文化技术标准研制与推广等 8 项任务。"起源云"贯彻国家大数据战略，推进文化和科技深度融合，依托现有的工作基础，分类采集、梳理文化遗产数据，对全国公共文化机构、高等科研机构和文化生产机构各类藏品数据，标注中华民族文化基因，把非物质文化遗产记录成果中蕴含的优秀传统文化的精神标识提炼出来，建设物理分散、逻辑集中、政企互通、事企互联、数据共享、安全可信的文化大数据服务及应用体系，面向全社会开放，将中华文化元素和标

起源云 App 首页面

识融入内容创作生产、创意设计，以及城乡规划建设、生态文明建设、制造强国建设、网络强国和数字中国建设，为在新技术条件下推动中华优秀传统文化创造性转化、创新性发展，继承革命文化，发展社会

主义先进文化打好基础。

二、民间文化起源地探源工程与高新科技深度融合

全国重点文物保护单位法兴寺、崇庆寺文物管理
所所长张宇飞应用起源云直播

起源云的创新、开发、运营是民间文化、起源地文化与数字科技、智能制造、装备技术的深度融合，是贯彻科技部、中央宣传部、中央网信办、财政部、文化和旅游部、广播电视总局共同研究制定的《关于促进文化和科技深度融合的指导意见》的重要举措。

创新起源云的主要目的是促进文化和科技深度融合，全面提升文化科技创新能力，转变文化发展方式，推动文化事业和文化产业更好更快发展，更好满足人民精神文化生活新期待，增强人民群众的获得感和幸福感。以数字化、网络化、智能化为技术基点，重点突破

新闻出版、广播影视等传统手段，开发内容可视化呈现、互动化传播、沉浸化体验技术应用系统平台与产品，如起源云直播、导播技术与文化活动结合，起源云商城系统与文创产业相融合，文化研究成果与知识付费系统相融合，专家学者、文化研究工作者同专家入驻系统相结合，文化工作单位、科研院所同起源号系统相结合。

加快企事业单位、科研院所等网络化改造和技术升级，建设"内容＋平台＋终端"的新型内容生产和传播体系，运用信息革命成果，坚持一体化发展方向，通过流程优化、平台再造，实现各种媒介资源、生产要素有效整合，促进信息共享、技术应用、平台终端、管理手段共融互通，推动文化和科技深度融合。

三、为社会大众、企事业单位提供文化服务

起源云积极构建文化大数据应用生态体系，加强文化大数据公共服务支撑，全力为社会大众、企事业单位提供文化服务。

加强顶层设计，贯彻国家大数据战略。依托现有工作基础，对起源地文化、民间文化分门别类标注，把起源地文化、民间文化中蕴含的优秀传统文化的精神标识提炼出来，建设物理分散、逻辑集中、政企互通、事企互联、数据共享、安全可信的文化大数据体系，并面向社会开放。

充分运用民间文化、起源地文化大数据体系，鼓励公民、法人和其他组织依法依规开发利用起源云，将中华文化元素和标识融入内容创作生产、创意设计以及国土空间规划、生态文明建设、制造强国建设、网络强国建设和数字中国建设，让文化遗产活起来、动起来。

✕	起源云	⋯

云学堂

文化美食学堂 >	文旅学堂 >
商学院 >	非遗学堂 >
峰火学堂 >	穆桂英学堂 >
古建学堂 >	德安杰学堂 >
满绣学堂 >	紫砂农创学堂 >
中医药学堂 >	孟母文化学堂 >
琢悦大讲堂 >	王家太医院学堂 >

中国起源地名录

文化类 >	产品类 >
美食类 >	

最新资讯

最新资讯·文化 >	最新资讯·活动 >
最新资讯·经济 >	最新资讯·政策 >

起源云频道分类

为社会大众、用户提供文化服务，可通过起源云观看文化直播，通过起源云商城购买文化产品，观看图文声像内容、购买会员、加入合伙人和城市运营商。可充分运用云平台入驻、问答、拼团、分享收益、活动报名、活动核销、资料下载、在线测评、直播带货、频道自定义等 50 余项强大功能进行学习、购买、交流互动。目前共有 40 个频道，如中华源字号、青农学堂、文化美食学堂、文旅学堂、商学院、非遗学院、穆桂英学堂、古建学堂、中医药学堂等。

起源云——中国文旅科教云平台的理念是"云＋平台"，为企事业单位提供云平台服务，主要目的就是满足企事业单位用户、个人"拥有自己的云平台"的需求，让每个用户都有自己的知识付费平台

入驻起源云平台

和大数据系统，成功解决技术、人才及成本问题。目前，已有 30 余家云平台入驻，如北京峰火文化创意中心申请入驻的"峰火台"、京西皮影非遗园申请入驻的"皮影云"、北京王家太中医医院申请入驻的"北京王家太医院"、福建省孟子学堂教育咨询有限公司申请入驻的"孟子学堂云课堂"、北京清大清农教育科技院申请入驻的"清农学堂"、承德宝琢酿酒有限公司申请入驻的"承德琢酒"等。

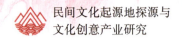
第二节　起源云平台的传播与培育功能

起源云——中国文旅科教云平台的 ICP 备案号为"京 ICP 备
20008477"，有着独立自主的数据存储系统。

起源云最初上线时间为 2020 年初，距今已运营近 2 年，用户活
跃量已超 100 万。虽然产品的基础功能和核心功能都已基本完备，但
起源云的业务和功能仍在不断拓展，且至今仍保持一定的迭代速度，
因此起源云现在正处于成长期、快速发展期。

一、坚持守正创新，形成强大传播舆论场

数字化保护与传承不是要复制拯救传统文化，而是要让传统文化
在数字化时代实现新的绽放，它不仅是记录工具，更是创造新文化的
手段。数字技术天然的参与式特性，使普通大众可以有机会接近和体
会传统文化的魅力，为传统文化的传承提供了新的可能性，同样，文
化也能让科技更有温度。面对文化和科技深度融合的深刻变化，起源
云必须在守正中创新、在创新中守正，才能在扑面而来的全媒体时代
获得发展机遇。起源云研发运营团队深刻领会习近平总书记关于宣传
思想工作的指示精神，落实中共中央宣传部、文化和旅游部、工业和
信息化部等部门相关政策精神，在日常运营维护中，以负责任的文旅

科教平台气质、可圈可点的知识产品、新潮带感的技术互动，让起源地文化、民间文化传得更开、更广、更深。

构筑网页+App、微信、微博、微信小程序+中国起源地传播矩阵的"1+4+N"多元传播格局，使民间文化、起源地文化传

起源云平台 PC 端首页面

播轨道前移，强化互动体验，插上科技翅膀。目前，起源云推出短视频、vlog、直播、路演、线下体验一体化传播新模式，以创新的内容和形式给用户带来与众不同的民间文化、起源地文化新体验。

二、让传统文化守正不守旧，让文化充满时尚感、科技范

在每个文化知识产品中，起源云将起源地文化、民间文化等传统文化"旧貌"换"新颜"，从策划、制作到上线实行全平台联动，内容创作更是推陈出新、丰富多彩，将起源地文化、民间文化等传统文化做出了不一样的味道，取得了不一样的效果，占领了起源地文化、民间文化等传统文化传播的舆论制高点。

中国年文化节系列活动"2021 中华茶道春晚"在起源云平台首播，观看量达到 40 万人次，影响广泛，是茶文化工作者、爱好者的年度文化盛宴

95

中国年文化节系列活动"云上禹州"2021春节全民大联欢在起源云平台首播，观看量达到40万人次，影响广泛，是禹州人民的年度文化盛宴。图为中共禹州市委副书记、禹州市人民政府代市长陈涛发表新春贺词

内容创新接地气，亲民理念赢好评是起源云内容服务的重要追求。"酒香也怕巷子深"，知识内容同样如此。起源云平台主动为知识内容搭配时尚"新衣"，开展了中国品牌文化节云盛典、中国年文化节云盛典、文化和自然遗产日云盛典系列直播活动，创作内容有起源故事、中华源字号、文旅学堂、古建学堂等知识产品。

三、坚守初心使命，加大创新研发力度

研发培育新功能是起源云、民间文化、起源地文化长久发展的重要支撑和驱动力，是起源云团队创新力的重要体现，是增强用户体验、满足用户需求的重要途径。目前，起源云平台的直播、商城、知识服务、问答、会员、起源号入驻、合伙人、城市运营官等30余项计算机技术功能均已成功向国家版权局登记，并取得计算机软件著作权登记证书。

创新是起源云平台永久的课题。目前，根据用户需求调研、国家政策和前瞻性规划开展了云计算、云存储、客服升级、线上起源馆、虚拟现实、硬件设备、用户信息优化等研发推进工作，努力打造国内外领先的起源地文化、民间文化传承、交流学习、互联互通的重要窗口。

第三节　起源云平台的实际应用

起源云平台功能多、应用广、受众群体广泛。在新时代万物互联、文化和科技深度融合的今天，起源云已经成为民间文化、起源地文化工作者、爱好者、研究者的重要学习、互动交流的工具，同时更是地方政府、企事业单位、文化起源地、产学研基地、科研院所、社会团体、人民团体对外传播的重要窗口。

一、起源云平台的用户分析和价值

据起源云——中国文旅科教云平台统计分析，目前用户主要分布在一、二线城市，男性比例更高，用户群体在 20~60 岁区间内，用户画像大体可以划分为青少年学生，科研人员，民间文化、起源地文化工作者、爱好者，企业家，白领，学生家长和其他用户。其中，青少年学生用户占 30%，科研人员、文化工作者和爱好者占 35%，企业家、白领占 15%，学生家长占 15%，其他用户占 5%。起源云平台成为民间文化、起源地文化工作者、爱好者的学习、生活、工作的重要阵地。

经分析，用户的主要应用场景分为以下几类：一是想要利用碎片时间，学习系统化知识和技能；二是想要获取优质内容、提升文化学习效率；三是想要不断更新知识，以适应快速发展的社会环境对自

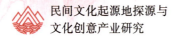
身提出的要求；四是想要获得更宏观、更前沿的视角；五是缓解焦虑感，获得阶层标签和社交谈资。

二、起源云平台与美好生活

文化自信是一个国家和民族发展中最基本、最深沉、最持久的力量。而人类文化的每一次进步与发展都离不开科技的进步与推动，如印刷术、广播电视、电影、互联网……每一次技术变革，都带来文化的生产、传播和接受方式的深刻变革。科技与文化，始终在相融相促中推动着人类的进步与文明的演进，不断重塑着我们所生活的世界，不断影响着我们生活的方方面面。

文化传承会有一个互相了解的过程，分寸拿捏得好，会带来更大的开放。如何充分融合科技与文化，打造中国当代文化符号，让数字文化的生态变得更加丰富多元，需要从传统文化中寻找积淀和力量，这样才能为人们创造更美好的数字生活，并对我们的文化充满

起源云商城

自信，最终切实提升国家文化软实力。

美好生活需要丰富坚实的物质基础，也需要厚重斑斓的文化精神空间。当传统文化遇上起源云平台，会焕发怎样的生机和活力？会为美好生活带来哪些便利？答案就是让传统文化、民间文化、起源地文化贯穿学习、生活、工作全过程，丰富人们的精神世界，让文化"看得见、摸得到、听得懂"，共享共建，开辟全民探源新途径、新方式，让专家学者时刻相伴，让文化产品、源字号产品为社会服务，推动商品市场长效发展。

三、起源云平台推动传统文化创造性转化、创新性发展

近年来，党和国家高度重视文化发展，并将其列为国家战略，作出了一系列重要部署。作为拥有五千年文明传承的国家，如何激活文化的生命力、焕发文化的凝聚力？习近平总书记指出，要"以古人之规矩，开自己之生面"，重点做好创造性转化和创新性发展。而善于从中华传统文化宝库中萃取精华、汲取能量，让文化追上科技的步伐、插上科技的翅膀，无疑是推动文化建设、发展文化产业、提升文化传播能力的新引擎。

起源云平台推动传统文化在传承与发展中实现创造性转化、创新性发展，曾给人以"举步维艰""难以为继"印象的民间文化起源地品牌建设，在互联网飞速发展的今天，正插上"共享经济""体验经济""云经济"的翅膀，剪纸、篆刻、青瓷烧制、满绣、皮影、苏绣、酿制酿造、雕刻等越来越多技艺通过搭乘起源云平台的"快车"找到了传承发展的新突破，传承千年的技艺开辟出产业发展新天地。

起源云——中国文旅科教云平台由中国民协中国起源地文化研究中心执行主任、中国西促会起源地文化发展研究工作委员会主任、起源地城市规划设计院院长、起源地文化传播中心主任李竞生带领团队共同创建，中国起源地团队出品，经过近两年产业发展、课题研究、规划策划、文化传播、知识产权与商业运营等不断实践，从政策解读到田野调查研究推出的文化产业综合服务平台，全面、立体化地展示以中国起源地文化研究课题为代表的学术研究成果，以中国起源地文化论坛为代表的学术交流成果，以中国旗袍文化节为代表的节庆活动成果，以探寻起源地文化万里行为代表的传播成果，以起源地文化产业规划策划为代表的规策成果，以中国起源地文化节为代表的展示展览成果，以中华源字号为代表的商业运营成果。起源云是一个综合性服务平台，为专家、讲师免费提供服务，为企事业单位提供一个全新的综合服务窗口。起源云平台接纳文化产业、经济学、金融、科技、教育、医疗、农业、民俗、民间文化、创意产业、旅游产业、影视产业、新闻传媒、规划设计、商业模式、企业管理、营销、知识产权、政策解读等领域的专家、学者、艺术家、传承人、创始人等相关工作者在起源云开设自己的"起源号"，梳理中华优秀传统文化脉络，讲述起源故事、讲述民间文化、讲述品牌故事，通过传播文化、学习知识，展示知识产品、品牌文化、技术技艺等，讲好中国故事，加快发展对外文化贸易，让中国文化走出去。起源云平台正式上线后，各领域专家学者对平台发展进行分析和预测，北京大学教授、北京大学文化产业研究院副院长、中国起源地智库专家、总策划师陈少峰认为，目前网络文化消费还将继续保持较快增速，数字文化产业的核心将与电商持续融合，不断扩大产业规模，持续保持较快的增长。起源云平台的上线就是在大数据信息时代将数字技术和文化产业充分融合的体现，是现阶段文化产业的转型升级，对加快发展对外文化贸易、促进高质量发展和创新发展发挥着重要作用。

入驻起源云平台的部分中国起源地智库专家

目前，第十一届全国政协委员、国家文物局原党组副书记、副局长张柏，中央文史研究馆特约研究员、中国民协顾问罗杨，北京大学教授、北京大学文化产业研究院副院长陈少峰，全国人大代表、贵州省文联副主席姚晓英，中国民间文艺家协会顾问曹保明，中国民间文艺家协会副主席、北京师范大学教授万建中，中国民间文艺家协会副主席、中国艺术研究院研究员苑利，中国文联民间文艺艺术中心副主任刘德伟等近 100 位中国起源地智库专家入驻起源云。下一步，我们将给更多的专家、讲师、创始人、艺术家、传承人和学堂提供服务。起源云平台充分运用"平台＋合伙人"的创新模式，坚持初心，注重原创，以追根溯源为核心，为更多的用户提供源视频、源声音、源品牌、源文创、源产品、源作品、源思想、源课程、源直播、源资讯等，内容富含深度、广度和高度。起源云平台由 PC 端、手机端、微信小程序三大终端组成，主要有起源学堂、公开大课、直播大厅、线下活动、源贡商城、源宝点金、源来如此等几大栏目构成。PC 端用户可登录网址 www.qiyuandi.net 或通过搜索引擎浏览，手机用户可通过手机微信搜索"起源云"微信公众号一键登录。

起源云平台的上线，为增强我国文化自信和活力，实现全民学习提供了全面的学习辅导材料、生动的可视化学习资料、系统的专题策划解读。起源云平台通过集中策划、主推原创、形成系列的方式，充分运用音视频等多媒体手段，对我国起源地文化脉络和文化产业发展进行全面梳理，并配以图文并茂的宣传报道，既"搭天线"也"接地气"。起源云平台将继续利用领先的技术，打造最好的平台，提供最优的服务。

第七章
民间文化起源地品牌建设

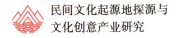
第一节　民间文化起源地品牌文化工程

习近平总书记2014年在河南考察时指出，推动中国制造向中国创造转变，中国速度向中国质量转变，中国产品向中国品牌转变，将中国品牌建设提升到国家战略高度。中国品牌建设是时代命题，中国品牌建设是时代使命。讲好中国故事，做强地域品牌，增强文化自信，让中国文化走向世界，让中国品牌享誉世界，这每一步都是做好这一时代命题的过程，每一个环节，都是完成这一时代使命的关键。民间文化起源地品牌文化工程是响应"十四五"规划纲要，践行关于品牌建设的国家战略，落实《乡村振兴战略规划》关于"擦亮老品牌，塑强新品牌，引入现代要素改造提升传统名优品牌"的品牌提升推进规划，是贯彻落实习近平总书记讲话精神的重要举措。民间文化起源地品牌文化工程由起源地文化传播中心发起，由起源云——中国文旅科教云平台提供互联网信息服务，是建立完善起源地品牌文化信息数据库的重要举措，旨在讲好中国故事，做强区域品牌，做优城市品牌，通过梳理品牌的起源地文化、传承文化和发展价值，丰富品牌的文化内涵，建立完善的品牌数据化标准，为品牌打造独有的定位和价值体系，提升品牌影响力。

民间文化起源地品牌文化工
程建设从以下五个方面进行，即
起源地、起源馆、"起源人"、起
源云、起源库。

"起源地品牌文化工程"著作权在国家版权
局登记

一、起源地

万事万物都有源。品牌的组
成不单是产品的品质，更重要的
还有一点，从消费心理上来讲，
就是对品牌的信任和对产品的信任，这就是起源地品牌。从某种意义
上来讲，区域文化就是起源地文化，因为区域文化一定是本土的文
化，具有独特性、不可复制性。而起源地品牌从区域文化集成来梳理
它的文脉，也就是说，地域里面到底有什么文化，把它梳理出来再集
成，哪些是能够做成品牌的，哪些是能够做成产品和商品的，把文化
资源转化成产品和商品以及给它赋能，到最后做成具有流量的品牌。
所以，起源地品牌的特征就有区域文化的根脉和灵魂，是地域品牌的
代表。起源地文化是乡村振兴的重要基因，如何梳理地方的文脉，来
助力乡村振兴、产业发展、人才发展，使之与乡村振兴有机融合，是
塑造品牌的前提。同时，我们还需要大数据的支撑。起源地文化大数
据和起源地信息数据标准化就是根据乡村振兴的标准来专门构建的标
准和数据库，根据产品品类、品牌或者创始人的类别来构建这样一个
数据库。比如，民间文化起源地探源工程在福建启动的中国茶文化寻

根探源工程，宁夏中宁枸杞文化起源地、沈阳旗袍文化起源地、葫芦岛葫芦农创文化起源地、北派酱香酒文化起源地、山西浑源黄芪文化起源地、辽宁沈阳饺子文化起源地、盛京满绣文化起源地、山西长子精卫文化起源地等项目。起源地的核心功能就是赋能区域文化、赋能区域品牌、赋能区域文化产业及业态，是助力乡村振兴的一种方式。

二、起源馆

起源馆是起源地文化综合体。每个地域一般都可以找到一些民间文化起源地，其中包括很多好吃的、好玩的，适合发展文化旅游的项目。起源馆就是在此基础上形成的一个综合的业态，包括美食、文创、融创体验等综合体，可以是室内的，也可以是室外的、园区的、街区类的，还有可能在景区里面。例如，辽宁葫芦岛是中国唯一一个以葫芦命名的城市，在葫芦岛做的是以葫芦农创为核心的葫芦农创文化起源馆，在那里可以体验不同的葫芦农创氛围，比如用葫芦做的各种美食，城市名人与葫芦的故事，葫芦文化脉络的展示等，并用三维或四维的整体空间来表现文脉，将葫芦文化起源地课题成果转化和发展创新展示出来，包括美食地标、地域的味道，诸如"乡之味"和"城之味"。同时，起源馆还将打造研学旅行、购物、生活、旅游等综合类地标。

三、"起源人"——起源地文化品牌创始人（起源创始人）

每个民间文化起源地品牌都是用思想一点点铸造出来的品牌和产品，都是要体现起源地文化特性的，每一个产品的出现一定都有自己的性格。在塑造民间文化起源地品牌的过程当中，要特别关注这个品牌和创始人之间的关系，创始人独到的思想和产品一代一代往下传，对于品牌的形成是有直接的作用的。因此，把赋予品牌、产品、技艺、企业文化和企业精神思想的创始人，定义为起源地品牌创始人，即起源创始人（"起源人"）。起源地品牌创始人会影响某个领域中产品的升级换代，也会对某个产业产生很大甚至是变革性的影响。

四、起源云

在开展民间文化起源地探源工程和起源地文创电商的过程中，慢慢形成了这样一个平台，最初研发的时候叫起源云平台，又称"华云汇"，其理念就是"云 + 平台"。人人都会有一个云平台，它的功能强大，可以有多维度存储，包括文化电商、直播、云服务、信息数据、云学堂。它能服务于各个行业、各个产品、各个品牌、各个产业，服务于乡村振兴，服务于起源地品牌，让每个消费者都能直接买到起源地源头的产品。

五、起源库

起源库是起源地城市规划设计院于 2015 年建立的起源地大数据库，是运用新媒体的方式，包含 App、小程序、微信客户端等，还包含中国起源地文化大数据库、起源创始人数据库、起源地茶文化数据库等部分。起源库的主要目的是推进文化和科技深度融合，分类采集梳理起源地文化数据，把起源地文化记录成果中蕴含的优秀传统文化的精神标识提炼出来，将起源库与乡村振兴、生态文明建设深度融

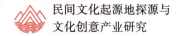
合，为先进文化打好基础。2020 年，起源地联合中国科学院自动化研究所共同开展起源地信息数据标准化工作。下一步，起源库将深化建设物理分散、逻辑集中、数据共享、安全可信的起源地文化大数据服务及应用体系，面向全社会开放。

起源地文化就是区域文化和文化地标，具有独特性和不可复制性，代表着信任和品质，并与大众的生活息息相关。起源地文化全方位服务乡村振兴，立体化展示乡村文化的根脉和灵魂，将深化打造起源地品牌，成为文旅产业发展的内生动力。

第二节　民间文化起源地品牌创始人数据库

　　每一个品牌的背后都会有一个"起源人"。起源地文化品牌创始人是品牌建设的灵魂人物，是品牌文化的源头，是品牌精神的传播者。为了充分发挥起源人在"中国品牌建设"中的带头推进作用，成为"讲好中国故事，做强地域品牌"的主力军，经起源地文化传播中心研究决定，启动年度起源地文化品牌工程项目之一——起源创始人入库登记申报工作。

起源创始人数据库

【起源创始人数据库入库申报事宜】

一、申报项目名称：起源地品牌文化工程起源创始人入库登记

二、申报流程

第一阶段：起源创始人信息填写

（一）获取申报资料

1. 下载网址：中国起源地网（www.qiyuandi.cn）；

2. 直接向项目联系人索要。

（二）填写申请表

1. 按要求填写申请表各项内容，确认无误后盖章；

2. 所填写各项内容须真实有效，并提供相应附件材料。

（三）提交申报材料

1. 起源创始人入库登记申请表；

2. 附件材料：

（1）申报者的有效证件（营业执照、身份证等）复印件；

（2）相关知识产权证明文件复印件：包括但不限于专利、商标、版权登记证书；

（3）所获国际、国家、行业、地方、权威机构等具备社会公信力和影响力的相关资质证书、荣誉证书复印件；

（4）其他可作为佐证的文字、图片、视频、媒体链接等附件。

3. 申报人本人签名的承诺书。

4. 提交方式：

（1）电子档文件提交至邮箱：qyxf@qiyuandi.cn；

（2）纸质申报材料邮寄至：北京市海淀区中科科仪平 6 起源地品

牌文化工程管理办公室。

第二阶段：起源创始人信息审核

（一）资料审核

审核组根据申报人提交的材料进行查询核实。

（二）审核通知

审核结果在 5 个工作日内以邮件形式通知申报者。

（三）不论是否通过审核，申报人所提交书面材料一律不予退还

第三阶段：起源创始人信息公示

（一）信息公布

已通过审核的申报人信息，由起源地信息平台进行公告发布。

（二）审核通知

审核通过的申报人会收到审核通过通知书，申报人可根据通知服务内容进行缴费。

（三）进入公示阶段

（四）公示结束

信息被录入起源创始人数据库。

（五）告知申报单位或申报人

在 10 个工作日内将结果书面告知申报单位或申报人。

第四阶段：起源创始人信息入库

正式颁发起源地品牌文化工程起源创始人入库登记证书。

第五阶段：起源创始人信息查询

1. 扫描二维码查询；

2. 登录中国起源地官网查询，网址：www.qiyuandi.cn；

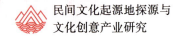

3.登录官方微信查询：起源云——中国文旅科教云平台。

第六阶段：起源创始人信息宣传

被登记入库的起源创始人相关信息，由起源地媒体平台面向全国进行宣传推广。

三、申报条件

（一）企业、机构创始人

1.需具备企业、机构有效的营业执照及相关资质文件；

2.为创办企业、机构的初创成员，且能提供证明文件。

（二）品牌、产品创始人

1.申报者拥有有效的品牌、产品的自主知识产权且是本人创作并原始拥有的；

2.其他能证明申报者为该品牌、产品的原始创作人。

（三）技艺、技法创始人

1.申报者需持有有效的专利并为本人原创；

2.其他能证明申报者为该技艺、技法原始创作人的材料。

（四）其他

四、服务内容

起源创始人入库后，将获如下权益：

1.信息入库登记：起源创始人信息被录入起源创始人数据库；

2.公示宣传：起源创始人信息在中国起源地官网进行公示，并通过起源地新媒体矩阵面向全国展开宣传推广；

3.颁发起源创始人入库登记证书；

4.由起源云——中国文旅科教云平台提供创始人互联网信息服务；

5. 在起源云——中国文旅科教云平台开通起源号，享受起源号的权益和功能服务；

6. 享有起源云平台会员专享权益；

7. 获得中国起源地智库专家咨询指导服务 1 次；

8. 获得年度中国起源地文化论坛大会 2 个参会名额；

9. 由主办方为起源创始人申报注册知识产权版权登记证书；

10. 可参加"品牌文化管理人才"专题研讨班；

11. 信息被收录入《中国起源地文化志系列丛书》《起源创始人名录》并出版发行；

12. 参与起源创始人个人专访、品牌宣传片或者企业专题报道录制，在起源地媒体平台、国家重大媒体平台播出。

起源创始人入库登记证明书

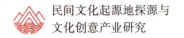
第三节　构建起源地文化保护研究与发展专项基金

　　起源地文化保护研究与发展的过程是守正创新的过程。从人类发展的历史规律来看，任何一个民族，当其进入一个历史的转折区，步入繁荣兴盛的新阶段，都会伴有文化的复兴，而每一次复兴都有一个共同点，那就是文化重心会回到这个民族历史文化的源头，即起源文化。对起源文化的探究，会让一个民族寻回自身的文化基因，从文化中获得警示，从文化中汲取力量，从民族根性文化和源头文化之中去挖掘原生的动力和潜力，然后得到再创造、再发现、再前进的源发性活力与动力，这也就是不忘初心。

　　起源地品牌建设需要得到社会各界关心支持，特别是需要社会资金的资助，形成良性发展的格局。通过设立专项基金的方式，融入基金会模式，有利于做好起源地文化保护研究与发展工作。起源地文化保护研究与发展专项基金管理委员会以宣传、组织活动、学术交流、项目合作等形式号召全国各地热衷公益事业和投身于文化事业和文化产业发展的专家学者、企业家、社会活动家等各界人士，共同参与策划起源地文化的相关公益活动中。

　　起源地文化保护研究与发展专项基金用于开展如下工作，主要包括：

（1）宣传、号召全民参与关注民间文化起源地的发展；

（2）组织各类起源地文化活动，让起源地文化走进课堂、走进千家万户；

（3）积极促进各个行业与民间起源地文化的深度融合；

（4）记录、研究、梳理各物质和非物质文化起源，积累民间文化资源，为民间文化起源地提供智力扶持和实践指导；

（5）组织创始人、传承人深入社区、博物馆、艺术馆开展起源地文创等公益活动，让起源地文化"活起来"；

（6）建设公益品牌文化，打造文化名片，建设文化新地标；

（7）助力民间文化创始人、传承人转变运营模式，创新发展文化技艺；

（8）广泛开展民间文化起源地课题研究、民间文化起源馆设计建设、民间文化起源地文化创意（公益性）活动。

民间文化起源地探源工程将遵照国家相关法律法规及相关基金会章程条例，积极探索，成立"起源地文化保护研究与发展专项基金"（《起源地文化保护研究与发展专项基金管理办法（草案）》详见附录三）以及专项基金管理委员会。在专项基金的支持下，整合优势资源，以探寻中华起源、增强文化自信为宗旨，以起源地文化与知识产权、起源地文化与品牌建设、起源地文化与守正创新、起源地文化与产业融合发展为核心，开展起源地文化相关公益活动。每年定期开展专项起源地文化研究课题、学术研讨会、学术论坛、田野调查等工作。

第八章
民间文化起源地探源工程课题案例

第一节　精卫文化起源地探源研究与调查

一、精卫文化起源地研究课题概况

"中国精卫文化起源地"研究课题是中共长子县委宣传部、长子县历史文化研究院于 2020 年 4 月向起源地文化传播中心申报的 2020 中国民间起源地文化研究课题项目。2020 年 6 月 8 日，中国精卫文化起源地研究课题调研及开题研讨会在山西长子县举办。2020 年 10 月 11 日，中国精卫文化起源地研究课题在长子县启动。2020 年 12 月 29 日，中国精卫文化起源地研究课题研讨论证会在长子县举办。中国精卫文化起源地研究课题对精卫文化体系构建、精卫精神与新时代发展、精卫文化保护与传承、精卫文化与民间文化、精卫文化创新发展、精卫文化知识产权体系构建、精卫文化脉络梳理及精卫文化未来发展规划进行深入研究。经起源地文化传播中心组织中国民间文艺家协会中国起源地文化研究中心、中国西促会起源地文化发展研究工作委员会的智库专家进行开题、调研、梳理等工作，根据课题组专家评审意见，形成中国精卫文化起源地研究课题成果。精卫文化是中华优秀传统文化的重要组成部分，是中华民族勤劳和智慧的结晶，凝聚着自强不息、锲而不舍的民族精神，是中

2020年6月8日，中国艺术产业研究院执行院长、上海大学教授、中国起源地智库专家罗宏才，上海交通大学教授、中国起源地智库专家高有鹏，中国民协中国起源地文化研究中心执行主任、起源地文化传播中心主任李竞生等一行在发鸠山做田野调查

国人民世代积淀传承下来的精华部分。中国精卫文化起源地研究课题工作的开展，对于讲好中国故事，增强文化自信，让中国优秀文化走出去具有重要意义；对于搭建沟通世界的桥梁，促进国际文化交流互鉴，构建多元融合的世界文明，推动精卫文化创造性转化和创新性发展，促进精卫文化产业融合发展，打造精卫文化品牌，构建精卫文化知识产权体系具有重要作用。

二、精卫文化起源地研究课题开题

2020年10月11日，中国精卫文化起源地研究课题在山西省长子县启动。中国精卫文化起源地研究课题是中共长子县委宣传部、长子县历史文化研究院于2020年4月向起源地文化传播中心申报的2020年度中国起源地文化研究课题项目，旨在发扬不畏艰苦、意志坚定、锲而不舍、自强

中国精卫文化起源地研究课题启动仪式

不息的精卫精神，梳理精卫文化脉络，推动精卫文化创造性转化和创新性发展，促进精卫文化产业融合发展，塑造精卫文化品牌，构建精卫文化知识产权体系。

在中共长子县委宣传部、长子县文化旅游局、长子县文联、长子县历史文化研究院等领导的陪同下，中国起源地智库专家一行对长子县进行调研并开题。中国社会科学院研究员、中国神话学会副会长刘亚虎，中国文联民间文艺艺术中心副主任、中国起源地智库专家委员会主任刘德伟，中央民族大学教授、博士生导师林继富，中国艺术产业研究院执行院长、中国起源地智库专家、上海大学教授罗宏才，中国民协中国起源地文化研究中心主任、中国西部研究与发展促进会副会长兼秘书长丁春明，中国民协中国起源地文化研究中心执行主任、起源地文化传播中心主任、起源地城市规划设计院院长李竞生，中共长子县委常委、宣传部部长申丽光，中共长子县委宣传部副部长杨路，长子县人大常委会原主任花俊富，长子县人大常委会原副主任程子健，太原师范大学教授李蹊，长子县政协原副主席李润文，长子县文联主席李建文，长子县文化旅游局局长张明，中国作家协会会员、长子县历史文化研究院院长陈小素等出席中国精卫文化起源地研究课题启动仪式并发言。申丽光受中共长子县委书记李国强的委托致辞，代表中共长子县委、长子县人民政府对参加中国精卫文化起源地研究课题启动仪式的领导、专家表示感谢和欢迎。申丽光在致辞中指出，中国精卫文化起源地研究课题的启动，是长子县文化事业发展中具有里程碑意义的一件大事，对更好地保护和传承长子县精卫文化名片具有重要作用。中国精卫文化起源地研究课题成

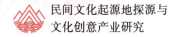

果，必将为长子县打造精卫文化名片提供充分学术依据，使精卫文化走出长子、走向全国、面向世界。

李竞生详细介绍了中国精卫文化起源地研究课题的主要内容，并围绕精卫文化体系构建、精卫精神与新时代发展、精卫文化保护与传承、精卫文化创新发展、精卫文化知识产权体系构建、精卫文化脉络梳理及精卫文化未来发展规划进行深入探讨。

刘亚虎表示，"精卫填海"体现了中华民族传统文化坚韧不拔的精神，在《山海经》中有着明确记载，长子县申报中国精卫文化起源地研究课题史料充分。开展中国精卫文化起源地课题研究工作，可以从四方面开展：一是梳理古籍、地方志等相关记载；二是搜集相关民间传说、歌谣；三是注重文化遗址的修复，以丰富精卫文化的文化环境；四是挖掘精卫文化核心精神，构建精卫文化核心价值观。

林继富表示，精卫文化具有重要的历史价值、文化价值和现实意义。中国精卫文化起源地研究课题的启动，就是要让精卫文化在新时代以新的方式传承发展，加强建设精卫文化品牌，突出其文化品牌建设价值。下一步课题研究工作要加强对精卫文化脉络的搜集和整理，对精卫精神进行提炼，创新多样性的精卫文化传承方式。

罗宏才在发言中讲到，中国精卫文化起源地研究课题工作，一是要立足于民间文化和传统神话传说研究成果，构建精卫文化研究体系；二是要注重精卫文化资源的活化和利用，让精卫文化和文化创意产业相互融合，服务于大众；三是开发基于精卫文化核心、满足群众文化需求、吻合时代特征的精卫文化产品，使精卫文化推动社会、经济的全面发展。

丁春明、李蹊、陈小素围绕中国精卫文化起源地研究课题作了发言，并对课题研究工作的开展和精卫文化发展提出大量具有可实施性、建设性、针对性建议。

专家组对中国精卫文化起源地研究课题申报单位中共长子县委宣传部、长子县历史文化研究院和长子县相关单位为精卫文化发展所作出的努力和贡献给予肯定，对他们创新创造、传承发展精卫文化所作出的努力表示赞赏。专家们结合申报资料、开题研讨、实地调研、文献史料、发展现状等表示：第一，中国精卫文化起源地研究课题不仅是学术研究，更重要的是梳理精卫文化体系、保护精卫文化知识产权、打造精卫文化产业、构建精卫文化业态，将课题研究成果转换成新的动能，将长子县的文化遗产活态化，让长子县的国宝文物活起来；第二，要充分发扬精卫精神，挖掘精卫文化精髓，用精卫精神和精卫文化精髓引领长子县文旅产业的发展；第三，要活态传承精卫文化和精卫精神，营造一种崇敬英雄的良好社会氛围，为创建文明和谐社会和民族团结贡献力量。

专家组在长子县发鸠山实地调研

专家组在长子县发鸠山实地调研

专家组在长子县灵湫庙实地调研　　　　　专家组在长子县灵湫庙实地调研，饮浊漳河源头水

三、精卫文化起源地研究课题研讨论证

2020 年 12 月 29 日，中国精卫文化起源地研究课题研讨论证会在北京和山西长子县举行，受新冠肺炎疫情影响，论证会采取视频会议的形式进行研讨、论证、答辩。

国家文物局原党组副书记、副局长、中国民协中国起源地文化研究中心顾问、智库专家张柏，中国民间文艺家协会副主席、北京师范大学教授、中国起源地智库专家万建中，中国民协中国起源地文化研究中心主任、中国西部研究与发展促进会副会长兼秘书长丁春明，中国民协中国起源地文化研究中心执行主任、中国西促会起源地文化发展研究工作委员会主任、起源地文化传播中心主任、起源地城市规划设计院院长李竞生，中国西部研究与发展促进会办公室主任、中国起源地智库专家冯京平，中国民协中国起源地文化研究中心副主任、中国民协中国建筑与园林艺术委员会秘书长曲云华，中共长子县委常委、宣传部部长申丽光，中共长子县委宣传部副部长杨路，中共长子县委宣传部原副部长申修福，长子县人大常委会原主任花俊富，太原师范大学教授、中国起源地智库专家李蹊，长子县文联主席李建文，长子县文化旅游局局长张明，全国重点文物保护单位法兴寺、崇庆寺文物管理所所长张宇飞等出席研讨论证会并发言。

中国文联民间文艺艺术中心副主任、中国起源地智库专家委员会主任刘德伟，中国作家协会会员、中国起源地智库专家、长子县历史文化研究院院长陈小素主持会议。

课题研讨论证会分别由申报课题单位代表对申报书进行阐述，课题组调研代表发表前期调研工作报告并讲话，课题组专家进行提问、答辩、研讨、签署专家评审意见书等环节组成。申报单位代表、中国作家协会会员、中国起源地智库专家、长子县历史文化研究院院长陈小素对中国精卫文化起源地研究课题进行阐述发言。

中共长子县委常委、宣传部部长申丽光发言。

太原师范大学教授、中国起源地智库专家李蹊作了补充发言。中共长子县委宣传部副部长杨路发言。课题负责人李竞生介绍课题情况。课题组调研考察代表曲云华发言并总结调研的综合情况。

国家文物局原党组副书记、副局长、中国民协中国起源地文化研究中心顾问、智库专家张柏表示，精卫文化起源地在文化底蕴深厚的长子，作为中国十大神话传说之一的"精卫填海"，数千年来早已成为整个中华民族不屈不挠的精神图腾，并彰显独有的魅力。"精卫填海"的精神越来越成为长子人民不屈不挠的精神信仰，是长子最鲜明夺目的文化品牌。长子县是精卫文化起源地，应进一步发扬精卫文化精神，期待有更多的精卫文化项目落地长子，弘扬中华文化精神，推动长子社会、经济、文化的全面发展。

北京师范大学教授、中国起源地智库专家万建中发言指出，"精卫填海"是著名的上古神话之一，流传深远广泛，其出自《山海经·北山经》，文中所提到的地名"发鸠山"及"西山"均在山西长子县辖区，这是中国精卫文化起源地在长子的有力依据。精卫文化有着大量的文化遗迹，精卫精神是中华民族自强不息的集中体现，在实现中华民族伟大复兴中国梦的征程中，正需要精卫精神，因此，大力弘扬精卫文化，打造精卫文化大有可为。

专家们提出，精卫填海的传说在长子县发鸠山一带流传已久，并附有大量的民间歌谣、习俗，在相关史料中必有大量的记载。因此中国精卫文化起源地研究课题是对精卫文化起源做系统的学术梳理，从历史、地理、人文、民俗等多学科角度，对精卫文化的起源、发展、演变、流传、传承等进行深入阐释与研究。

第一，关于精卫文化的起源，不过度追究其唯一性，开放、包容是精卫文化的重要精神内核，其意义是汇聚精卫文化力量，带动长子县全面发展。

第二，精卫文化精神在不断拓宽、延伸，除去已有的自强不息、不屈不挠的品质之外，还有救助、扶持、济弱等含义，并且不断地注入时代精神。

第三，注重精卫文化在更大范围的传承、弘扬与发展，要与相关地域的精卫文化研究密切结合起来，共同促进精卫文化的发展。

第四，长子是中国精卫文化起源地，专家们建议要在研究成果的应用与转化上多下功夫，将中国精卫文化起源地落户长子，成为长子文化新地标，建立精卫文化起源馆，构建精卫文化知识产权体系，落地中国精卫文化起源地研学旅行基地，举办精卫文化品牌系列活动，展现精卫精神，讲好中国精卫文化故事，让精卫文化从这里走向世界。

四、课题结论

2020 年 12 月 29 日，起源地文化传播中心组织中国民协中国起源地文化研究中心、中国起源地智库专家对中国精卫文化起源地研究课题进行了研讨论证评审，课题组专家听取了中国精卫文化起源地研究课题陈述人陈小素的汇报和答辩，经过陈述、答辩、研讨、论证等环节，专家组形成如下评审意见：该课题申报书全面分析了长子县精卫文化的历史和现状，资料翔实、结构清晰，发展规划明确，强调了民间文化传承的地域性和科学性。长子县工作思路清晰，保护和发展措施比较合理、有效。

村民口述精卫理水的传说

中国精卫文化起源地研究课题成果著作权在国家版权局登记

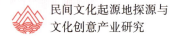
第二节　范制葫芦文化起源地探源研究与调查

一、范制葫芦文化起源地研究课题概况

葫芦是世界上最古老的作物之一，是中华吉祥文化的象征，范制葫芦是葫芦文化的重要组成部分，范制葫芦在天津尤为重要突出。葫芦轻巧耐用，栽培制作简单，成了人们生活中的必需品。"中国范制葫芦文化重要起源地"研究课题项目是天津市宝坻区文化和旅游局申报的 2019 年度中国起源地文化研究课题项目，经起源地文化传播中心组织中国民间文艺家协会中国起源地文化研究中心、中国西促会起源地文化发展研究工作委员会的智库专家进行开题、调研、梳理等工作，根据课题组专家评审意见，形成中国范制葫芦文化重要起源地研究课题成果，该课题成果《中国起源地文化志系列丛书》之《中国葫芦文化·天津宝坻卷》由知识产权出版社出版发行。

二、课题调研论证情况

中国葫芦文化重要起源地研究课题项目经历了中国葫芦文化重要起源地研究课题申报，课题组专家赴天津宝坻调研葫芦文化，召开中国葫芦文化重要起源地研究课题开题研讨会，召开中国葫芦文化重要起源地、中国范制葫芦文化起源地研究课题研讨论证会等重要环节。

2019 年 7 月 3 日，中国民协中国起源地文化研究中心受邀组织专家赴天津宝坻调研，中国文联民间文艺艺术中心副主任、中国起源地智库专家委员会主任刘德伟，中国民协中国起源地文化研究中心执行主任李竞生，中国民协中国葫芦文化专业委员会主任、中国起源地智库专家、非物质文化遗产传承人赵伟，天津市宝坻区文

2019 年 4 月，专家组赴宝坻调研葫芦文化，中国文联民间文艺艺术中心副主任、中国起源地智库专家委员会主任刘德伟（右）、中国民协中国起源地文化研究中心执行主任李竞生（中）等实地考察了葫芦庐小镇、中国葫芦博物馆，同时听取了中国民协中国葫芦文化专业委员会主任、中国起源地智库专家、非物质文化遗产传承人赵伟（左）对中国葫芦文化、范制葫芦文化的介绍

化和旅游局副局长李志军，天津市宝坻区文化和旅游局产业发展科科长刘雪峰等围绕"中国葫芦文化重要起源地研究课题"在宝坻区文化和旅游局会议室进行座谈。

2019 年 9 月 12 日，中国葫芦文化重要起源地研究课题开题研讨会在北京举办。中国民间文艺家协会副主席、北京师范大学教授、中国起源地智库专家万建中，中国文联民间文艺艺术中心副主任、中国起源地智库专家委员会主任刘德伟，中国国家博物馆艺术品鉴定中心主任、中国起源地智库专家岳峰，中国民协中国起源地文化研究中心执行主任李竞生，中国葫芦文化专业委员会主任、中国起源地智库专家

中国葫芦文化重要起源地研究课题组专家在
宝坻实地调研

赵伟，天津市宝坻区文化和旅游局产业科科长刘雪峰出席，围绕"中国葫芦文化重要起源地"研究课题展开深层次、全方位、多角度研究探讨。

2019 年 11 月 23 日，中国葫芦文化重要起源地研究课题研讨论证会在天津市宝坻区葫芦庐小镇举办。中国民间文艺家协会副主席、北京师范大学教授、中国起源地智库专家万建中，中国民协中国起源地文化研究中心主任、中国西部研究与发展促进会副会长兼秘书长丁春明，中国文联民间文艺艺术中心副主任、中国起源地智库专家委员会主任刘德伟，中国国家博物馆艺术品鉴定中心主任、中国起源地智库专家岳峰，天津市民间文艺家协会秘书长张书珍，中国民协中国起源地文化研究中心执行主任、中国西促会起源地文化发展研究工作委员会主任、起源地城市规划设计院院长、起源地文化传播中心主任李竞生，中国葫芦文化专业委员会主任、中国起源地智库专家赵伟，宝坻区人民政府副区长陈秀华，宝坻区文化和旅游局局长周振亮，宝坻区文化和旅游局副局长李志军，宝坻区文化和旅游局产业发展科科长刘雪峰等出席了本次研讨论证会。课题研讨论证会分别由课题组负责人介绍课题情况，申报课题单位对申报书进行阐述，课题组调研代表发表前期调研工作报告并讲话，课题组专家进行提问、答辩、研讨、签署专家意见书等环节组成。中国民协中国起源地文化研究中心执行主任、中国西促会起源地文化发展研究工作委员会主任、起源地城市规划设计院院长、起源地文化传播中心主任李竞生介绍课题情况。中国葫芦文化重要起源地研究课题陈述人赵伟进行陈述。

中国民间文艺家协会副主席、北京师范大学教授、中国起源地智库专家万建中，中国民协中国起源地文化研究中心主任、中国西部研究与发展促进会副会长兼秘书长丁春明，中国国家博物馆艺术品鉴定中心主任、中国起源地智库专家岳峰，天津市民间文艺家协会秘书长张书珍等分别在答辩环节发言，并结合自身领域针对葫芦文化研究和未来的发展提出大量具有可实施性、建设性、针对性建议。课题组专家对中国葫芦文化重要起源地研究课题申报单位宝坻区文化和旅游局为当地的文化、经济、社会的发展所作出的努力和贡献给予肯定，对创新创造、传承发展葫芦文化的精神表示称赞，对葫芦文化和范制葫芦文化提出了殷切希望。专家们提出：第一，天津宝坻种植葫芦历史悠久，在中国葫芦文化以及范制葫芦文化、范制葫芦技艺的传承上，脉络清晰，历史依据比较充分，保护和发展措施比较明确；第二，天津宝坻的中国葫芦博物馆有着丰富的馆藏、文物和研究成果，葫芦庐小镇拥有千余亩种植基地，从实际情况出发，以历史史料为依据、实地考察研究结果为基础、科学分析为依托，提供了宝坻作为葫芦文化重要起源地的基本条件；第三，葫芦文化在民间流传久远，范制葫芦是最早的艺术形式，地方特色突出，技法多样，天津宝坻尤为突出；第四，建设中国葫芦文化展示中心、葫芦艺人交流平台、葫芦文化研究基地和葫芦信息库。

宝坻区人民政府副区长陈秀华、宝坻区文化和旅游局局长周振亮
感谢评审论证专家们的肯定与支持，并表示：第一，希望结合葫芦庐
小镇、中国葫芦博物馆等文化资源，运用区位交通等优势，从文化旅
游角度出发规划好葫芦文化，让宝坻拥有全国性的葫芦文化集散功
能，带动宝坻城乡经济一体发展，增强传播力度；第二，以文化促进
产业发展，把葫芦文化产业发展作为加快宝坻产业转型升级的利器，
充分结合宝坻其他文化载体，做好传播工作，不断完善，扩大影响
力；第三，充分结合评审论证专家们各项建议并积极落实，努力把宝
坻打造成"北国江南、京畿重镇、人文宝地、葫芦之乡"。

三、范制葫芦文化起源地研究课题结论

中国范制葫芦文化重要起源地研究课题申报单位宝坻区文化和旅
游局在葫芦文化的历史挖掘、传承、弘扬等多方面做了很多工作，在
文化传播、产业规划与发展等方面有了较为具体的规划。中国葫芦文
化重要起源地研究课题组专家听取了中国葫芦文化重要起源地研究
课题陈述人赵伟的汇报，宝坻区人民政府副区长陈秀华、天津市宝坻
区文化和旅游局局长周振亮为课题作了答辩，经过陈述、研讨、答
辩、论证等环节，形成如下评审意见：鉴于天津市宝坻区葫芦文化保
护和传承的实际状况，全面分析了该地区葫芦文化的历史和现状，尤
其是范制葫芦技艺的基本形态、发展源流、保护和传承、文化价值
等内容，认为《中国葫芦文化重要起源地研究课题申报书》资料翔
实、结构清晰，强调了民间文化传承的地域性和科学性。天津宝坻在
中国葫芦文化以及范制葫芦技艺的传承上，脉络清晰，历史依据比较

充分，保护和发展措施比较明确。天津宝坻的中国葫芦博物馆有比较丰富的馆藏、文物和研究成果，葫芦庐小镇拥有千余亩的种植基地。中国民协葫芦文化专业委员会作为全国性葫芦文化专业研究机构也坐落于此，聘请了大批专家和艺术家。从实际情况出发，以历史史料为依据，实地考察调研成果为基础，科学分析为依托，提供了宝坻作为葫芦文化重要起源地的基本条件。目前在全国许多地方都有种植葫芦和传承葫芦技艺的传承人，葫芦文化在民间流传久远，地方特色突出，技法多样，故属于多元，以天津宝坻尤为突出，可以得出结论，天津宝坻是中国葫芦文化重要起源地，范制葫芦技艺重要起源地。

2019 年 11 月 21 日，中国葫芦文化重要起源地研究课题组成员赴宝坻葫芦庐小镇、中国葫芦博物馆进行田野调查工作，深入调查研究中国葫芦文化、范制葫芦文化

中国葫芦文化重要起源地研究课题成果著作权在国家版权局登记

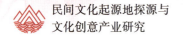

第三节　旗袍文化起源地探源研究与文化产业实践

一、旗袍文化起源地研究课题概况

"中国旗袍文化起源地"研究课题是在中共沈阳市委宣传部、沈阳市文学艺术界联合会的支持指导下，由沈阳盛京满绣文化艺术产业发展有限公司于 2018 年 10 月向起源地文化传播中心申报的 2018 年度中国起源地文化研究课题项目。2018 年 12 月，中国起源地文化产业示范基地落户沈阳旗袍小镇。

中国旗袍文化起源地研究课题对旗袍文化体系构建、旗袍文化与新时代发展、旗袍文化保护与传承、旗袍文化与民间文化、旗袍文化创新、旗袍文化知识产权体系构建、旗袍文化脉络梳理及旗袍文化未来发展规划进行深入研究。

经起源地文化传播中心组织中国民间文艺家协会中国起源地文化研究中心、中国西促会起源地文化发展研究工作委员会的智库专家进行开题、调研、梳理等工作，根据课题组专家评审意见，形成中国旗袍文化起源地研究课题成果，该课题成果编辑出版《中国起源地文化志系列丛书》之《中国旗袍文化·沈阳卷》。

二、课题调研情况

2018 年 10 月 27 日，受辽宁省沈阳市文学艺术界联合会邀请，起源地文化传播中心组织专家深入调研沈阳旗袍文化、满绣文化，通过注入起源地文化基因，推动中华优秀传统文化创造性转化、创新性发展，打造东北振兴发展新引擎。中国民协中国起源地文化研究中心执行主任李竞生率专家组一行在辽宁省民间文艺家协会秘书长刘蕾、沈阳市文学艺术界联合会副主席王静的陪同下，听取盛京满绣非物质文化遗产传承人杨晓桐汇报，实地调研考察满绣的历史文化及发展状况，调研结束后召开专家座谈会，围绕满绣文化、旗袍文化的传承、保护和发展展开讨论。在研讨会上，专家们一致同意启动中国旗袍文化和盛京满绣文化起源地研究课题，成立中国旗袍文化和盛京满绣文化起源地研究课题组。

三、课题研究论证情况

2018 年 12 月 21 日，"中国旗袍文化起源地"评审论证会在沈阳故宫举行。此次评审论证会的专家有：中国民间文艺家协会顾问曹保明，中国民间文艺家协会副主席刘华，国务院发展研究中心东方文化与城市发展研究所综合室主任张晓欢，中国民协中国起源地文化研究中心主任、中国西部研究与发展促进会副会长兼秘书长丁春明，中国传媒大学教授刘晔原，清华大学美术学院教授杨阳，辽宁省美学协会会长王向峰，辽宁省美术出版社原《辽宁画报》执行主编李静波，辽宁社会科学院研究员张志强。课题组负责人中国民协中国起源地文化研究中心执行主任李竞生，课题组考察成员代表中国文物保护基金会罗哲文基金管理委员会办公室主任、中国民协中国建筑与园林艺术委员会秘书长曲云华，申报单位代表沈阳市文联副主席、中国纸上刀绘文化创始人王静，"盛京满绣"非物质文化遗产第四代传承人杨晓桐以及辽沈地区专家、沈阳故宫博物院领导出席了此次评审论证会。评审论证会分别由课题组负责人介绍课题情况、申报单位代表阐述、课题组考察成员代表介绍考察情况、评审论证组提问答辩、评审论证组代表意见阐述、评审论证组讨论、签署专家评审意见书等环节组成。

中国文联民间文艺艺术中心副主任、中国起源地智库专家委员会主任刘德伟主持会议。中国文物保护基金会罗哲文基金管理委员会办公室主任、中国民协中国建筑与园林艺术委员会秘书长曲云华代表课题组考察成员介绍调研情况。中国民协中国起源地文化研究中心执行主任李竞生介绍课题基本情况。"中国旗袍文化起源地"申报代表"盛京满绣"非物质文化遗产第四代传承人杨晓桐向评审专家作课题陈述。评审论证专家分别对申报单位为当地的社会、经济、文化的发展所作出的努力和贡献给予肯定，对沈阳创新创造、传承发展旗袍文化的精神表示称赞，并对"中国旗袍文化起源地"提出了殷切希望。专家们提出：一是要以文化传承、文化创新、文化发展为核心，以"起源地文化"为发展动力，提升文化感染力和文化软实力，充分运用起源地文化资源，彰显沈阳历史文化名城的厚重感和国际化大都市的现代感，进行文脉梳理；二是推进文化产业化发展，促进"产学研用"一体化，建立加强对外合作机制，充分吸取国内外相关产业发展的宝贵经验，结合高等院校、科研院所、相关企业、民间文艺推动"产学研用"一体化；三是注重知识产权的打造保护与艺术档案的建立，对具有创造性的艺术及作品应做著作权登记等工作，将创新性艺术建立档案，重点记录艺术的创作过程并形成艺术创作笔记。中国民间文艺家协会顾问曹保明、中国民间文艺家协会副主席刘华等专家分别在答辩环节发言，结合自身领域分别针对申报单位及未来的发展提出大量具有可实施性、建设性、针对性建议，并结合发展实际与发展规划作出方向纠偏。申报单位论述完毕后，结合课题考察组的前期考察调研情况，经过评审论证专家讨论，最后达成评审论证结果。

四、旗袍文化起源地研究课题结论

2018 年 12 月 21 日，中国民协中国起源地文化研究中心、中国起源地智库专家委员会对中国旗袍文化起源地研究课题申报书进行了评审，专家评审组听取了中国旗袍文化起源地研究课题的申报单位代表"盛京满绣"非物质文化遗产第四代传承人杨晓桐的汇报，经过提问和讨论，形成如下评审意见。

一是申报书从中国旗袍文化传承的角度出发，全面分析了中国旗袍的历史来源、基本内容、文化价值，内容翔实、结构可靠，具有系统性、科学性。

二是申报书以清晰的脉络，详细的历史依据，确定了中国旗袍的历史文化，界定了中国旗袍文化起源地的时间和空间区域，清晰阐述了保护与发展的主要措施。

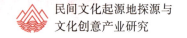
三是申报书结合中国旗袍文化的实际发展情况，以历史记载为依据，以实地考察调研为基础，以科学分析为依托，推动和促进了中国旗袍文化起源地的系统保护与发展规划的具体实施，对中国旗袍文化起源地的保护与发展具有重要意义。

专家组还提出了更为具体的保护目标和措施。

五、旗袍文化起源地课题成果转化与文化产业实践

2019 年 5 月 31 日，由中国民间文艺家协会、中共沈阳市委宣传部联合主办，中国文联民间文艺艺术中心、中国民协中国起源地文化研究中心、沈阳市文学艺术界联合会等单位承办的为期 8 天的中国旗袍文化节在沈阳故宫成功举办。中国文联第十届全委会委员、中国民间文艺家协会分党组书记、驻会副主席邱运华，第九届中国文联副主席、中国曲艺家协会名誉主席刘兰芳，中共辽宁省委常委、宣传部部长张福海，中国民间文艺家协会顾问、吉林省文联副主席、民俗学家曹保明，中国民间文艺家协会副主席、中国艺术研究院研究员苑利，中国文联老干部局副局长麻振山，中国文联民间文艺艺术中心主任徐岫鹃，中共沈阳市委常委、宣传部部长冯守权，中国西部研究与发展促进会副会长兼秘书长、中国民协中国起源地文化研究中心主任丁春明，中国文联

首届中国旗袍文化节开幕式现场

民间文艺艺术中心副主任、中国起源地智库专家委员会主任刘德伟，中国民协中国起源地文化研究中心执行主任李竞生等出席中国旗袍文化节开幕式。

第九届中国文联副主席、中国曲艺家协会名誉主席刘兰芳（中）参加首届中国旗袍文化节

中国文联第十届全委会委员、中国民间文艺家协会分党组书记、驻会副主席邱运华在开幕式致辞中表示，沈阳是中国旗袍文化重要起源地之一，此次中国旗袍文化节必将肩负使命，砥砺前行，承担起传承民族文化，传播旗袍文化，打造特色文化，讲好中国故事，传播中国声音，体现中国精神，并以此来推动社会、经济、文化发展的重任。

中共沈阳市委常委、宣传部部长冯守权在开幕式致辞中表示，首届中国旗袍文化节在沈阳

首届中国旗袍文化节"2019全国百家重点媒体沈阳行"现场

举办具有里程碑意义，是让中华传统文化展现永久魅力的重要方式。本次中国旗袍文化节以旗袍文化和产业发展为主题，沈阳将以中国旗袍文化节为契机，全力打造永不落幕的文化盛会。

在为期8天的时间里，围绕"立足旗袍，传承文化"这一主题，

开展"百媒聚焦沈阳"、中国起源地文化展、旗袍文化主题摄影展、中国定制旗袍艺术大赏等30余项活动，吸引、凝聚了众多关注目光，营造了浓厚的旗袍文化节日氛围，给人们留下了美好的回忆。

本次中国旗袍文化节策划人李竞生介绍，旗袍文化是优秀传统文化的重要组成部分，中国旗袍文化节是旗袍文化的盛会。"2019全国百家重点媒体沈阳行"大型采访活动是首届中国旗袍文化节的重要活动之一，旨在通过全国百家重点媒体报道矩阵，全方位报道首届中国旗袍文化节盛况，传播中国旗袍文化重要起源地沈阳在新时代征程中的新面貌、新活动。在为期5天的采访中，以新华社、中央电视台、人民日报、中国文化报、中国艺术报、中国网、国际在线为代表的中央媒体，以东北新闻网、东北网、中国首都网（千龙网）、中国江西网、云南网、四川新闻网、河北新闻网等为代表的省级重点新闻网站，以及国内知名自媒体、商业网站等近60家媒体集聚沈阳，与未能到场的50多家全国重点媒体联动，真正达到"百家媒体聚焦沈阳"的传播合力。通过5天的采访行程，记者、编辑、网络达人们先后在沈阳故宫、张氏帅府、五爱服装城、盛京满绣研习中心、辽宁美术馆等20余个采访点留下足迹，线上线下110多家媒体同时报道，传播力度空前。截至5月31日，各省级重点网站共开设宣传专题19个，发布原创、转发稿件2000余篇；中国文艺网、中国网大型直播3次；微博话题"首届中国旗袍文化节"点击量达177万；微博话题"2019全国百家重点媒体沈阳行"点击量达48.7万；单一一条新闻点击阅读量达2000多万，在互联网掀起了一股"中国旗袍文化起源地看沈阳"的热潮，全方位、全景式展示了中国旗袍文化节在沈阳举办的盛况，展示了旗袍故都沈阳社会经济发展的新成就。

本次活动组织有序，媒体报道扎实，涌现出一大批高品质、多形态的新闻作品，其中包括《沈阳故宫博物院感受千年旗袍之美》《"盛京之约"向世界展示中国旗袍文化》《沈阳故宫：四百年风雨历史 娓娓叙说着建筑艺术传奇》《中国满绣文化论坛在沈阳召开》等一批优秀新闻作品。首届中国旗袍文化节引起中央电视台关注并报道。2019年5月28日，中央电视台综合频道、中文国际频道播出了《辽宁：兼收并蓄，旗袍文化亮相沈阳故宫》，对旗袍文化和中国旗袍文化节盛况进行了报道。全国

首届中国旗袍文化节里的模特

中国纸上刀绘创始人王静（右）向媒体记者
介绍纸上刀绘技艺技法

百家重点媒体通过无人机航拍，拍摄制作了"行走沈阳"系列航拍作品，通过图文、视频、网站专题、微博、微信、直播等多种形式，全景式呈现中国旗袍文化节和旗袍故都沈阳的美丽新风貌，赢得广大网友的热情点赞。

在首届中国旗袍文化节期间，"盛京满绣""纸上刀绘"等一系列

充满沈阳地域特色的艺术技艺和现代创新的文化精品也纷纷亮相，让记者和嘉宾们一饱眼福。通过中国民协中国起源地文化研究中心的挖掘和梳理，让"满绣"这一古老的中华瑰宝再次惊艳世人的眼眸，重新焕发绚丽的光彩。中国民协中国起源地文化研究中心围绕"盛京满绣""纸上刀绘"等起源地文创产品，积极开展对外交流和组织各种活动，围绕"民间文化起源地"进行了一系列的项目对接和开发，让这些承载着中国故事的文创产品造福桑梓，走出国门。

在首届中国旗袍文化节成功举办的基础上，2020 年 9 月 20 日，由中国民间文艺家协会、辽宁省文学艺术界联合会、中共沈阳市委宣传部主办，中国文联民间文艺艺术中心、中国民协中国起源地文化研

第二届中国旗袍文化节定制旗袍艺术大赏

究中心、沈阳市文学艺术界联合会等单位承办的第二届中国旗袍文化节在沈阳盛大开幕。

中国民间文艺家协会顾问、中国起源地智库专家曹保明，中国民间文艺家协会副主席、中国艺术研究院研究员、博士生导师苑利，文化和旅游部非遗司副司长钟建波，工业和信息化部消费品工业司副司长曹学军，中国文联民间文艺艺术中心主任、中国起源地智库专家徐岫鹃，中国文联民间文艺艺术中心副主任、中国起源地智库专家委员会主任刘德伟，中国民协中国起源地文化研究中心主任、中国西部研究与发展促进会副会长兼秘书长丁春明，中国民协中国起源地文化研究中心执行主任、起源地文化传播中心主任、起源地城市规划设计院院长李竞生，中共沈阳市委常委、副书记、沈阳市人民政府市长姜有为，中共沈阳市委常委、宣传部部长于振明，中共辽宁省委宣传部分管日常工作的副部长农涛，中共辽宁省委宣传部副部长孙成杰，辽宁省文联党组书记张兴奎，辽宁省工业和信息化厅副厅长冯文胜等出席了开幕式和文化节系列活动。

中国民间文艺家协会副主席、中国艺术研究院研究员、博士生导师苑利在开幕式致辞中表示，旗袍被誉为中国女性国服，方寸之间，包罗万象，凝聚着中华民族的智慧，承载着华夏文明的审美风范。作为最能体现中华民族特色和东方女性美的传统服饰，旗袍拥有丰厚的历史承载和文化内涵，其演变进程也是中华文明史的发展历程。

中共沈阳市委常委、宣传部部长于振明在开幕式致辞中表示，沈阳作为旗袍故都，承载着挖掘、传承旗袍文化和发展壮大旗袍产业两大使命。壮大旗袍产业是推动沈阳文化产业发展的重要资源，沈阳要持续举办中国旗袍文化节，促进沈阳文化旅游、服装服饰的发展，扩展市场空间，壮大文化产业，助推沈阳高质量发展。

在开幕式上，众多现代旗袍精彩亮相，中国旗袍文化节吉祥物及文创特许产品征集活动全面启动，打造表达中国旗袍文化节和旗袍文化的发展理念、价值观的生动形象和国际通用的视觉符号，共建旗袍故都，振兴传统文化，把传统的旗袍与新时代的旗袍文化相融合，在与时光交织的记忆中感受中华优秀传统文化的无限魅力和时代风采。

本届文化节以探寻旗袍文化之源，增强文化自信为主题，举办了20多场官方活动，来自全国的30多个城市参与，8个品牌集体亮相，采用现场体验＋起源云直播展示相结合，以文化为内核，感受传统服饰的优雅之美，引领旗袍文化发展新趋势，充分发挥中国旗袍文化重要起源地和旗袍文化创意产业的引领带动作用。

文化节聚焦探源、融合、生态、赋能四个关键词，以旗袍文化为载体，融入文化学者、旗袍文化爱好者等开展旗袍文化研讨会，沈阳

第二届中国旗袍文化节"锦绣旗袍·魅力盛京"作品展现场

故宫馆藏清宫后妃袍服展，剪纸旗袍沈阳文联活态展，旗袍美业故宫秀，定制旗袍艺术大赏，旗袍喜服大展，将民间文化与古韵旗袍相融合，融汇了苏绣、满绣、绘画、古诗词、纸上刀绘等中国传统文化元素，沈阳韵味与中国旗袍独特的迷人气息相融合，共同展示旗袍之美、服饰之美、文化之美，带给观众不一样的视觉感受。

第二届旗袍文化节定制旗袍艺术大赏

中国民间文艺家协会顾问、中国起源地智库专家曹保明在第二届中国旗袍文化节"盛京满绣·书香传非遗"主题发布会上致辞。发布会邀请了中国戏剧表演最高奖梅花奖获得者冯玉萍

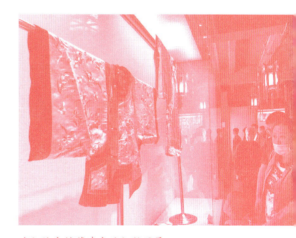

沈阳故宫馆藏清宫后妃袍服展

登台献艺《孝庄长歌》。发布会上朗诵了满族系列文化丛书《满族传统服饰》《满族传统礼仪》《满族传统饮食》《满族传统婚礼》选段。

"锦绣旗袍·魅力盛京"作品展是第二届中国旗袍文化节的重要内容之一，由剪纸艺术作品展、美术作品展、书法作品展三个展览组成，旨在讴歌新时代，倡导新风尚，传递正能量。

2020年9月18日，由中国民间文艺家协会、中共沈阳市委宣传

在中国旗袍文化节旗袍文化研讨会上，中国民间文艺家协会分党组书记、驻会副主席邱运华作视频演讲

中国旗袍文化节著作权在国家版权局登记

部、辽宁省文学艺术界联合会主办，中国文联民间文艺艺术中心、中国民协中国起源地文化研究中心等单位承办的第二届中国旗袍文化节旗袍文化研讨会在北京成功举办。中国民间文艺家协会分党组书记、驻会副主席邱运华致辞。

旗袍文化是优秀传统文化的重要组成部分，中国旗袍文化节是旗袍文化的盛会。本届中国旗袍文化节注重学术研究和文化创意产业发展，旗袍文化研讨会和中国旗袍文化节吉祥物及特许文创产品征集活动是重要组成部分。旗袍文化研讨会以线上线下相结合的方式，推动旗袍文化的创造性转换和创新性发展。与会嘉宾紧紧围绕"旗袍文化与文化自信""旗袍文化与全面小康""旗袍文化与民间文化""旗袍文化与礼仪文化""旗袍文化与产业发展""旗袍文化与知识产权"等议题展开多维度深入研究。

第四节　饺子文化起源地探源研究与文化产业实践

一、饺子文化起源地课题概况

"中国饺子文化起源地"研究课题是中共沈阳市委宣传部、沈阳市文学艺术界联合会于 2019 年 6 月向起源地文化传播中心申报的 2020 年度中国起源地文化研究课题项目。2020 年 1 月 2 日，中国饺子文化起源地研究课题在北京大学启动。2020 年 8 月 13 日，中国饺子文化起源地研究课题研讨论证会在北京大学举办。

经起源地文化传播中心组织中国民间文艺家协会中国起源地文化研究中心、中国西促会起源地文化发展研究工作委员会的智库专家进行开题、调研、梳理等工作，根据课题组专家评审意见，形成中国饺子文化起源地研究课题成果。

饺子文化是中华优秀传统文化的重要组成部分，是中华民族勤劳和智慧的结晶，凝聚了世代中国人的美好祝福，是中国人民世代积淀传承下来的精华部分。中国饺子文化起源地研究课题工作的开展，对于讲好中国故事，增强文化自信，让中华优秀传统文化走出去具有重要意义；对于搭建连通世界的桥梁，促进国际文化交流互鉴，构建多元融合的世界文明具有重要作用。

2020 年 1 月 2 日，中国饺子文化起源地研究课题启动仪式在第六届中国起源地文化论坛暨年度工作会议上成功举办。本次会议由中国民间文艺家协会指导，中国文联民间文艺艺术中心、中国西部研究与发展促进会主办，中国民协中国起源地文化研究中心、中国西促会起源地文化发展研究工作委员会承办，起源地文化传播中心、起源地城市规划设计院协办。

中国民间文艺家协会副主席、北京师范大学教授、中国民协中国起源地文化研究中心智库专家万建中，沈阳市文学艺术界联合会副主席王静启动中国饺子文化起源地研究课题。中国文联民间文艺艺术中心主任、中国民协中国起源地文化研究中心智库专家徐岫鹃，中国民协中国起源地文化研究中心主任、中国西部研究与发展促进会副会长兼秘书长丁春明，故宫博物院研究馆员苑洪琪，中国药膳研究会副会长、中国民协中国起源地文化研究中心智库专家单守庆共同见证。

中国饺子文化起源地研究课题由中共沈阳市委宣传部、沈阳市文学艺术界联合会委托起源地文化传播中心对中国饺子文化进行专项研究并成立课题组。饺子具有两千年的历史文化，深深烙上了中国"家"和"亲情"的印记。饺子是中华美食的代表和象征，承载着中国人最为诚挚的情感。研究中国饺子文化，深挖以饺子文化为核心内容的饮食思想、风俗习惯，对于提升沈阳城市精神，拉动沈阳文化消费，助力经济发展，提高经济活力，增加经济效益具有重要意义；对于弘扬中华优秀传统文化，讲好沈阳故事，活跃人民群众文化生活，打造沈阳特色文化产业，具有积极的现实意义。

2020 年 1 月 19 日，中国饺子文化起源地研究课题调研研讨会在

沈阳举办。中国民间文艺家协会
副主席、北京师范大学教授、中
国民协中国起源地文化研究中心
智库专家万建中，中国文联国内
联络部原副主任、国家非物质文
化遗产保护工作委员会委员、中
国民协中国起源地文化研究中心
智库专家常祥霖，中国文联民间

中国饺子文化起源地研究课题调研研讨会
专家合影

文艺艺术中心副主任、中国民协中国起源地文化研究中心智库专家委
员会主任刘德伟，中国民协中国起源地文化研究中心执行主任、起源
地文化传播中心主任、起源地城市规划设计院院长李竞生，中国功勋
烹饪艺术家刘敬贤，沈阳市文联党组成员、副主席王静，大清花饺子
馆经理胡大民，沈阳子今厨商餐饮管理服务有限公司董事长张奔腾，
沈阳老奉天马家烧麦馆郑力威，沈阳鹿鸣春饭店有限公司总经理张素
丽，辽宁美术出版社原《辽宁画报》执行主编李静波出席会议。

　　中国民间文艺家协会副主席、北京师范大学教授、中国民协中国起
源地文化研究中心智库专家万建中作总结发言。他肯定了沈阳文联对于
饺子文化发展作出的重要贡献，并表示，饺子文化是中国饮食文化发展
的缩影，是民族融合与文化交流的集中体现，小饺子蕴含大文化、大情
怀、大发展。同时，饺子也是中国饮食标志性食品。北方饺子、南方汤
圆是中国饮食的经典代表，中国饺子文化起源地研究课题工作的展开，
对于饺子文化的形成和发展具有非同寻常的学术意义和现实价值。

　　中国文联国内联络部原副主任、国家非物质文化遗产保护工作委

员会委员、中国民协中国起源地文化研究中心智库专家常祥霖对饺子的地域特色、历史特征、演变历程、文化象征进行了丰富的内容阐释。充分肯定了沈阳餐饮业多年致力于饺子文化的研究所做的工作和努力。他表示：第一，要建立传承饺子文化档案并研究饺子经营方式、商业模式；第二，要从技艺层面建立加工饺子的独有工序、行业规范；第三，加强知识产权的保护和利用，打造饺子文化知识产权的"双百"工程和文化品牌；第四，分析饺子文化现状，结合地域特点进行饺子文化展示，打造中国饺子文化起源馆。

中国文联民间文艺艺术中心副主任、中国起源地智库专家委员会主任刘德伟表示，中国饺子文化起源地研究课题的开展具有十分重要的意义，是起源地文化研究最具大众性和应用性的课题，其意义、内容、方式与特色都将是起源地文化研究课题的重要标杆。沈阳有关饺子的技艺、传承人众多，在此基础上对饺子进行起源地文化研究，是顺应民间文化发展和建设沈阳文化产业的一项重要举措，饺子文化将释放产业新活力，形成产业新动能，推动产业新发展。

会上，刘敬贤、胡大民、郑力威、张素丽分别讲述了沈阳的饺子品牌和饺子文化的发展历程，并就中国历史上饺子的演变、满族皇室的饺子文化等内容与专家组进行了深入探讨。沈阳市文联党组成员、副主席王静阐述了沈阳市委宣传部对打造沈阳特色文化建设的构想，着重提出饺子文化是极具东北民间特色的饮食文化。她表示，研究中国饺子文化，深挖以饺子为中心内容的饮食思想与饮食观，对于提升沈阳城市精神，讲好沈阳故事，打造沈阳特色文化产业，都具有积极的现实意义。

中国民协中国起源地文化研究中心执行主任李竟生详细介绍了中国饺子文化起源地研究课题的前期工作和阶段性成果，充分肯定了沈阳市文联对于中国饺子文化起源地研究课题所做的大量工作和努力，深入挖掘、传承、发展中国饺子文化，开展中国饺子文化起源地课题研究工作，对于打造沈阳文化产业和塑造文化标志具有重要作用。

二、饺子文化起源地调研情况

2019 年 7 月 18 日，为深入挖掘饺子文化，中国民协中国起源地文化研究中心执行主任李竟生，沈阳市文学艺术界联合会党组成员、副主席王静在北京拜访了中国药膳研究会副会长、中国起源地智库专家单守庆先生，并专程赴故宫博物院拜访了故宫博物院研究馆员、中国起源地智库专家苑洪琪女士。

2020 年 1 月 19 日，中国民协中国起源地文化研究中心受邀组织专家赴沈阳调研中国饺子文化，召开了中国饺子文化起源地研究课题调研研讨会，中国民间文艺家协会副主席、北京师范大学教授、中国民协中国起源地文化研究中心智库专家万建中，中国文联国内联络部原副主任、国家非物质文化遗产保护工作委员会委员、中国民协中国起源地文化研究中心智库专家常祥霖，中国文联民间文艺艺术中心副主任、中国民协中国起源地文化研究中心智库专家委员会主任刘德伟，中国民协中国起源地文化研究中心执行主任、起源地文化传播中心主任、起源地城市规划设计院院长李竟生，中国功勋烹饪艺术家刘敬贤，沈阳市文联党组成员、副主席王静，大清花饺子馆经理胡大民，沈阳子今厨商餐饮管理服务有限公司董事长张奔腾，沈阳老奉天马家烧麦馆郑力威，沈阳鹿鸣春饭店有限公司总经理张素丽，辽宁美术出版社原《辽宁画报》执行主编李静波出席会议，共同围绕"中国饺子文化起源地研究课题"展开深层次、全方位、多角度研究探讨。通过系列主题调研，调研组得出以下结论：饺子是中华饮食文化的象征，是中华优秀文化的重要组成部分，饺子文化在沈阳尤为重要。饺子在我国古代、现代社会中都占有重要位置，其味美形优，制作精简，因此成了人们生活中的必需品，在社会、经济、文化中承载着重大使命。沈阳市文学艺术界联合会在饺子文化的历史挖掘、传承、弘扬等多方面做了很多工作，在文化传播、产业规划与发展方面有了较为具体的规划。专家组一致认为，沈阳作为中国饺子文化起源地，底蕴深厚，内容丰富，传承有序，将把中国饺子文化发扬光大。

三、饺子文化起源地课题结论

2020 年 8 月 13 日，起源地文化传播中心组织中国民协中国起源地文化研究中心、中国起源地智库专家对中国饺子文化起源地研究课题进行了研讨、论证、评审，课题组专家听取了中国饺子文化起源地研究课题阐述人王静的汇报并作了答辩，经过陈述、研讨、答辩、论证等环节，专家组形成如下评审意见：

该申报书全面分析了该地区饺子文化的历史和现状，资料翔实，结构清晰，发展规划明确，强调了民间文化传承的地域性和科学性。沈阳市在中国饺子文化的发展和传承上，以历史史料为依据，实地考察调研成果为基础，科学分析为依托，提供了沈阳市作为饺子文化起源地的基本条件；工作思路清晰，历史依据比较充分，保护和发展措施比较合理、有效；全国许多地方有不少饺子民俗文化和技艺的传承人，饺子文化在民间流传久远，地方特色突出，形态和技法多样，故属于多元文化现象；沈阳饺子文化历史悠久，其中以老边饺子为代表。可以得出结论，沈阳市是中国饺子文化重要起源地。

中国饺子文化起源地研究课题评审组建议，沈阳作为饺子文化起源地，应在研究成果的应用与转化上多下功夫，将中国饺子文化地标落户沈阳，成为沈阳文化新地标，建立饺子文化"起源馆"，构建饺子文化知识产权体系，讲好中国饺子文化故事，让饺子文化从这里走向世界。

2020年9月20日，中国饺子文化起源地研究课题成果在沈阳故宫博物院发布。

中国民协中国起源地文化研究中心主任、中国西部研究与发展促进会副会长兼秘书长丁春明，中共沈阳市委宣传部常务副部长安建晔，中国民协中国起源地文化研究中心执行主任、起源地文化传播中心主任、起源地城市规划设计院院长李竞生，沈阳市文学艺术界联合会党组成员、副主席王静共同发布中国饺子文化起源地研究课题成果。

中国饺子文化起源地研究课题成果著作权在国家版权局登记

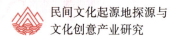

第五节　枸杞文化起源地探源研究与文化产业实践

一、枸杞文化起源地课题概况

2016年1月16日，中共第十三届、十四届、十五届、十六届、十七届中央委员，第九届、十届、十一届全国政协副主席，中国西部研究与发展促进会会长白立忱（左），与时任中共中宁县委常委、宣传部长马文君共同发布中国枸杞文化起源地研究课题成果

"中国枸杞文化起源地"研究课题是宁夏中宁县文化旅游广电局于2015年5月申报的2015年度中国起源地文化研究课题项目。2016年1月14日，中国枸杞文化起源地研究课题研讨论证会在北京召开。

经组织中国起源地智库专家进行开题、调研、梳理等工作，根据课题组专家评审意见，形成中国枸杞文化起源地研究课题成果。

二、枸杞文化起源地研究课题研讨论证

2016年1月14日，中国枸杞文化起源地研究课题研讨论证会在北京

召开，全国政协委员、第九届全国工商联副主席、中国西部研究与发展促进会理事长、中国起源地智库专家程路，中央网信办原巡视员、中国起源地智库专家胡伟平，国务院发展研究中心副研究员、中国起源地智库专家张晓欢，中国民协中国起源地文化研究中心主任、中国西部研究与发展促进会副会长兼秘书长丁春明，中国民协中国起源地文化研究中心执行主任李竞生，德国图宾根大学博士杨熙生，圆明园文化顾问陈谷，宁夏枸杞产业协会副会长钟奎斌等出席了会议。

申报单位代表中宁县人民政府副县长刘宏阳发言，阐述了中宁枸杞起源地的依据和发展历程以及中宁枸杞发展的现状，并且提出未来中宁枸杞发展的新思路、新蓝图。

胡伟平、张晓欢、杨熙生、钟奎斌、李竞生等先后发言，结合各自领域针对中宁枸杞文化起源地研究课题的申报及未来的发展提出建设性意见。

程路进行总结性发言，他肯定了中宁县政府对于促进地方经济发展所作的努力，并对中宁枸杞产业提出了殷切希望，勉励中宁枸杞科学发展，做西部绿色产业的先锋，追求中宁枸杞品牌的自身价值。经过课题组专家们研究讨论，形成评审意见。

三、枸杞文化起源地课题成果转化

2015 年 9 月 9 日，中国枸杞论坛暨中宁枸杞文化节在中宁县开幕，通过一系列文化交流活动的举办充分展示中宁枸杞文化，提升中宁枸杞知名度。

国家部委领导、宁夏回族自治区党政代表、枸杞主产区友好市县

全国政协委员、第九届全国工商联副主席、中国西部研究与发展促进会理事长、中国起源地智库专家程路（右）与时任中共中宁县委书记、现任宁夏回族自治区生态环境厅党组成员、副厅长启动"一带一路"探寻起源地文化万里行走进宁夏中宁系列活动

探寻起源地文化万里行走进宁夏中宁全国百家重点媒体合影

代表、枸杞产业企业代表共计754名嘉宾莅临开幕式，之后举行了"一带一路"探寻起源地文化万里行走进宁夏中宁启动仪式、中央电视台纪录片《杞源》开机仪式、电视剧《黄河黄 大地红》项目启动仪式。

"一带一路"探寻起源地文化万里行走进宁夏中宁系列活动规模空前。据统计，2015年9月8—14日活动期间，来自中国青年网、中国网、中国台湾网、央广网、腾讯网、360新闻、中国甘肃网、中国江西网等50多家中央重点新闻网站及全国各地重点新闻网站的60多名记者参与了此次采访活动。截至2015年10月1日，全国各大重点新闻网站制作专题共12个，发稿及转载发布稿件共计4216篇，录制专访、专题视频新闻共20余集，新华社、中国青年网等推送头条新闻38篇，发布原创稿件300余篇。

据不完全统计，本次活动单条新闻点击量达3200万次，微博话题点击阅读量达 17 万次，微信朋友圈分享 2000 余条，新闻 App 发稿量 500 余条，刊发新闻图片 2 万余张，所有 PC、微博、微信、各网站新闻客户端访问量超过 6000 余万次。

"一带一路"探寻起源地文化万里行全国媒体记者共同见证了全国首次枸杞公祭大典的盛况

参加"一带一路"探寻起源地文化万里行的全国媒体记者共同见证了全国首次枸杞公祭大典的盛况，并参观了中宁颇具特色的枸杞园、枣园、枸杞博物馆、宁夏红酒厂、宁安彩印厂等当地特色产业，深入了解起源地文化。此外，在同期举办的百媒探起源媒体沙龙、中国枸杞论坛等活动中，专家、学者、外国使节脑力激荡、思想交锋，中国著名书画家朱可文更是当场挥毫泼墨，将中宁枸杞起源地的内涵昭示天下。不论是浩渺沙坡头、壮阔贺兰山，

探寻起源地文化万里行走进宁夏中宁媒体记者和国家级非物质文化遗产黄羊钱鞭表演者合影

还是九曲黄河、大漠孤烟，宁夏中宁已成为"一带一路"探寻起源地文化万里行活动的里程碑式的标志，而此次活动也成为探寻起源地系列活动的起点。

第六节　葫芦农创文化起源地探源研究与文化产业实践

一、葫芦农创文化起源地课题概况

为做好中国葫芦文化、中国葫芦农创文化，提升葫芦岛市寺儿堡镇文化感染力、软实力和中国葫芦文化品牌影响力，将寺儿堡镇打造成为中国葫芦文化、中国葫芦农创文化的品牌，寺儿堡镇人民政府向起源地文化传播中心申报了 2019 年度中国葫芦文化起源地研究课题项目。为传承弘扬中华优秀传统文化，挖掘整理寺儿堡镇民俗文化、民间文化和地域文化根脉，充分运用起源地文化资源，彰显寺儿堡镇历史文化重镇的厚重感和开放活泼的现代感以及开拓创新的创造感，2019 年 10 月，起源地文化传播中心组织中国起源地智库专家根据《中国葫芦文化起源地研究课题申报书》，召开了中国葫芦文化、中国葫芦农创文化起源地研究课题座谈会，确定立题。

2019 年 11 月 30 日，"中国葫芦文化重要起源地、中国葫芦农创文化起源地"课题启动。中国民间文艺家协会副主席、中国起源地智库专家万建中，国家文化产业创新与发展研究基地副主任、北京大学文化产业研究院副院长、中国起源地智库专家、总策划师陈少峰共同启动课题。葫芦岛市连山区政协主席李岩代表葫芦岛市连山区致辞，介绍葫芦岛连山区葫芦产业发展情况及中国葫芦文化重要起源地、中国葫芦农创文化起源地课题：第一，守初心，传承葫芦文化，铸就连山葫芦情。1994 年 9 月，经国务院批准，锦西市更名为葫芦岛市，这是全国唯一的一座以葫芦命名的城市，而连山区可以说是葫芦岛市的发祥地。

陈少峰（右）作课题启动发言

第二，抓落实，弘扬葫芦文化，规划产业新布局。依托葫芦岛地名优势，以及连山区特别是寺儿堡镇地貌优势，围绕葫芦文化开展一系列工作。第三，谋发展，依托葫芦文化，打造文化新业态。连山区将加大宣传力度，加大对葫芦文化的保护、传播力度，进一步提升葫芦文化知名度，实现第一、二、三产业联动发展。

　　国家文化产业创新与发展研究基地副主任、北京大学文化产业研究院副院长、中国起源地智库专家、总策划师陈少峰讲述了成立起源地研究课题组的意义和重要性：第一，做好起源地研究课题，把葫芦农业与文化创意产业相结合，农业文化产业、农业文创、农业旅游是第三产业的核心内容，做葫芦农创要以葫芦为主，不局限于葫芦，打造葫芦文化体验中心、农业主题公园，并将农业主题公园与博物馆相结合，博物馆以体验为主兼顾展示；第二，把葫芦农产品变成文创产品，充分运用文创手段，如动漫故事发生地——葫芦岛等，把葫芦文化课题上升为策划类的课题，带动相关产业发展，打造葫芦文化品牌和葫芦文化系列故事；第三，研学基地是未来研学旅游发展的重要模式，打造葫芦文化研学基地和旅游目的地，将科普、教育、娱乐一体化，兼顾教育性和娱乐性，做到顾客满意。

中国民间文艺家协会副主席、中国起源地智库专家万建中表示：第一，葫芦岛有着悠久的种植葫芦历史，葫芦是重要的农业生产品种，葫芦艺术加工文创产业盛行，葫芦已经成为标志性的文化符号；第二，连山区人民自古就对葫芦有着深切的认同，与葫芦建立了难以割舍的情感关系，连山区已制订了十分具体的发展规划，有着非常优越的群众基础和内容、政策条件；第三，连山区葫芦文化内涵丰厚和可塑性强，葫芦文化和经济的融合前景广阔。

课题研讨论证会分别由课题组负责人介绍课题情况，申报课题单位对申报书进行阐述，课题组调研代表发表前期调研工作报告并讲话，课题组专家进行提问、答辩、研讨、签署专家意见书等环节组成。中国民间文艺家协会副主席、中国起源地智库专家万建中，国家文化产业创新与发展研究基地副主任、北京大学文化产业研究院副院长、中国起源地智库专家、总策划师陈少峰，中国文联民间文艺艺术中心副主任、中国起源地智库专家委员会主任刘德伟，中国社会科学院副研究员、中国起源地智库专家邹明华，中国民协中国起源地文化研究中心执行主任、起源地城市规划设计院院长李竞生，中国葫芦文化专业委员会主任、中国起源地智库专家赵伟，中国文物保护基金会罗哲文基金管理委员会办公室主任、中国起源地智库专家曲云华，葫芦岛市连山区政协主席李岩，葫芦岛市连山区寺儿堡镇党委书记田哲源，辽宁公安司法管理干部学院驻寺儿堡镇老边村第一书记高琳琳，葫芦岛市连山区政协文教卫体委主任刘素平，葫芦岛市连山区寺儿堡镇副镇长李岩，葫芦岛市连山区寺儿堡镇党委秘书王广超等出席了本次会议。

中国文物保护基金会罗哲文基金管理委员会办公室主任、中国起源地智库专家曲云华代表课题组考察成员介绍调研情况。申报单位代表葫芦岛市连山区寺儿堡镇党委书记田哲源发言，他表示：感谢评审论证专家们的肯定与支持，在连山区委区政府的领导下继续团结一致，全区人民凝心聚力，让葫芦文化、葫芦农创文化在连山区遍地开花，成果造福社会。

中国文联民间文艺艺术中心副主任、中国起源地智库专家委员会主任刘德伟，中国社会科学院副研究员、中国起源地智库专家邹明华，中国民协中国起源地文化研究中心执行主任、起源地城市规划设计院院长李竞生，中国葫芦文化专业委员会主任、中国起源地智库专家赵伟，中国文物保护基金会罗哲文基金管理委员会办公室主任、中国起源地智库专家曲云华等分别在答辩环节进行发言。结合自身领域分别针对未来的发展提出大量具有可实施性、建设性、针对性建议。

课题组专家对课题申报单位葫芦岛市连山区寺儿堡镇人民政府为当地的文化、经济、社会的发展所做的努力和贡献给予肯定，对创新创造、传承发展的做法表示称赞。对葫芦文化和葫芦农创文化提出了殷切希望，并结合实地考察、文献史料、发展现状、陈述等内容共同表示：第一，葫芦具有世界性特征，我国和各个国家有着共同的认知，葫芦是提高中华优秀文化在国际上的影响力和讲好中国故事的重要载体，葫芦岛市作为全国唯一以葫芦命名的城市且具有地理、人文等优势，责任重大。第二，葫芦岛市连山区寺儿堡镇在葫芦文化传承上，脉络清晰，历史依据比较充分，保护和发展措施比较明确。葫芦农创作为一种新兴业态，在连山区寺儿堡镇起步早，发展比较迅速。第三，要以葫芦文化引领产业向前发展，打造完整有机的葫芦文化产业链，实现推动文化事业和文化产业发展的双重作用，助力脱贫攻坚城乡联动发展。第四，葫芦拥有极其广泛的文化、社会、经济效应，具有不可替代性，葫芦文化产业应该立足连山区，面向全国，走向世界，灵活运用小葫芦造就大产业，积极打造中国葫芦文化产业、中国葫芦农创文化产业之都。

二、课题调研论证情况

2019 年 10 月 27 日，中国葫芦文化、中国葫芦农创文化起源地研究课题开题研讨会在葫芦岛市连山区人民政府会议室举办。中国文联民间文艺艺术中心副主任、中国起源地智库专家委员会主任刘德伟，中国艺术产业研究院执行院长、上海大学教授、中国起源地智库专家罗宏才，中国民协中国起源地文化研究中心执行主任、起源地文化传播中心主任、起源地城市规划设计院院长李竞生，中国民协中国葫芦文化专业委员会主任、中国起源地智库专家赵伟，中国文物保护基金会罗哲文基金管理委员会办公室主任、中国民协中国建筑与园林艺术委员会秘书长、中国起源地智库专家曲云华，国家非物质文化遗产盛京满绣传承人、中国起源地智库专家委员杨晓桐，中共葫芦岛市委常委、宣传部长冬梅，中共连山区委书记刘永熙，葫芦岛市文化旅游和广播电视局局长杨丽芳，中共连山区委副书记高翔，中共连山区委常委、宣传部长岳敏杰，连山区人民政府副区长沈玉敏，连山区文联主席叶泽石，连山区寺儿堡镇党委书记田哲源，连山区寺儿堡镇人民政府镇长时光，辽宁公安司法干部管理干部学院驻寺儿堡镇老边村第一书记高琳琳，连山区政协文教卫体委主任刘素平，连山区寺儿堡镇老边村书记王忠生等就中国葫芦文化、中国葫芦农创文化起源地研究课题项目展开深入研讨。

研讨会议程由中国葫芦文化、中国葫芦农创文化起源地研究课题项目申报陈述、中国起源地智库专家提问并对课题项目发表观点和意见、填写并签署专家意见表等环节组成。

经过近三个小时的交流研讨，中国起源地智库专家对连山区寺儿堡镇的情况有了更深入的了解，并一致认为连山区寺儿堡镇的中国葫芦农创文化别具体色，不仅对发扬我国传统的葫芦文化大有裨益，对于新时期下农村产业发展也具有重要意义。共同期待连山区寺儿堡镇申报中国葫芦文化、中国葫芦农创文化起源地研究课题项目进一步开展深入研究和取得丰硕成果。

三、课题田野调查情况

为深入挖掘连山区寺儿堡镇葫芦文化、葫芦农创文化、民间文化现状，2019 年 10—12 月，起源地文化传播中心多次组织中

课题组专家在寺儿堡镇调研

课题组专家在寺儿堡镇调研

国起源地智库专家赴葫芦岛市连山区寺儿堡镇进行实地调研，希望通过实地调研，一方面掌握寺儿堡镇经济、社会、文化、教育发展情况和相关资料，更好地开展中国葫芦文化、中国葫芦农创文化起源地研究课题工作。另一方面针对具体问题，分析寺儿堡文化发展的亮点与经济增长点，专家结合自身研究方向和寺儿堡镇实际情况及国内外发展经验给出发展建议，为寺儿堡镇经济、社会、文化、教育发展贡献力量。

四、课题成果发布

2020年1月2日，第六届中国起源地文化论坛暨年度工作会议在北京大学成功举办。中国葫芦文化重要起源地研究课题成果在会议上发布。本次会议以"探寻中华起源，增强文化自信"为宗旨，以起源地文化研究为核心，梳理中华优秀传统文化脉络，记录各物质、非物质文化的起源，对内做学术研究，对外做综合服务，不忘本来、吸收外来、面向未来，致力于推动中华优秀传统文化创造性转化、创新性发展，构筑中国精神、中国价值、中国力量。经过起源地文化传播中心联合中国民协中国起源地文化研究中心、中国西促会起源地文化发展研究工作委员会的智库专家进行一系列调研、查阅资料文献、研讨、论证、梳理等工作，根据专家评审意见，形成课题成果，葫芦岛市连山区寺儿堡镇作为中国葫芦文化重要起源地、中国葫芦农创文化起源地。课题结论如下：

2019年11月30日，起源地文化传播中心组织中国民协中国起源地文化研究中心、中国起源地智库专家对中国葫芦文化重要起源地研究课题进行了研讨论证评审，课题组专家听取了中国葫芦文化重要起源地研究课题阐述人高琳琳的汇报，葫芦岛市连山区寺儿堡镇就课题作了答辩，经过陈述、研讨、答辩、论证等环节形成评审意见。

鉴于葫芦岛市连山区寺儿堡镇对葫芦文化保护和传承的实际状况，全面分析了该地区葫芦文化的历史和现状，认为申报书资料翔实、结构清晰，强调了民间文化传承的地域性和科学性。

葫芦岛市连山区寺儿堡镇在中国葫芦文化的传承上，脉络清晰，历史依据比较充分，保护和发展措施比较明确。葫芦农创作为一种新兴的业态，在连山区寺儿堡镇起步早，发展比较迅速，建有葫芦农创主题公园，拥有诸多葫芦农创知识产权，编制了葫芦农创文化发展总体规划。

该课题申报书以历史史料为依据、实地考察调研成果为基础、科学分析为依托，提供了葫芦岛市连山区寺儿堡镇作为葫芦文化重要起源地的基本条件。

中国葫芦农创文化起源地研究课题成果著作权在国家版权局登记

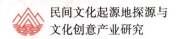
第七节　北派酱香酒文化起源地探源研究与文化产业实践

一、北派酱香酒文化起源地研究课题介绍

2017年1月16日，中共第十三届、十四届、十五届、十六届、十七届中央委员、第九届、十届、十一届全国政协副主席、中国西部研究与发展促进会会长白立忱（中），北派酱香酒文化传承人、河北琢酒集团董事长张雅丽（左），宽城满族自治县文化和旅游局副局长章立新（右）在北京共同发布北派酱香酒文化起源地研究课题成果

"北派酱香酒文化起源地"研究课题是在宽城满族自治县委、县政府的大力支持下，由承德宝琢酿酒有限公司于2016年6月向起源地文化传播中心申报的2016年度中国起源地文化研究课题项目。2017年1月10日，北派酱香酒文化起源地研究课题研讨论证会在北京中国农业科学院举办。

经起源地文化传播中心组织中国民间文艺家协会中国起源地文化研究中心、中国西促会起源地文化发展研究工作委员会的智库专家进行开题、调研、梳理等工作，根据课题组专家评审意见，形成北派酱香酒文化起源地研究课题成果。

二、北派酱香酒文化起源地研究课题研讨论证

2017 年 1 月 10 日，2017 年第二批中国起源地申报项目论证会在北京召开，研讨论证了北派酱香酒文化起源地研究课题项目。时任中央文化管理干部学院院长、党委副书记、现任文化和旅游部党组成员、副部长、中国起源地智库专家张旭，中央网信办原巡视员、中国起源地智库专家胡伟平，国务院发展研究中心副研究员、中国起源地智库专家张晓欢，国务院中国科技创新与战略发展研究中心中国医药保健工作委员会主任、中国起源地智库专家孙良迎，中国文联国内联络部原副主任、国家非物质文化遗产保护工作委员会委员、中国起源地智库专家常祥霖，中国食品报总编辑、中国起源地智库专家张建斌，中国药膳研究会副会长、中国起源地智库专家单守庆，中国农业科学院农业资源与区划研究所专家、中国起源地智库专家孙艳芳，中国民协中国起源地文化研究中心主任、中国西部研究与发展促进会副会长兼秘书长丁春明，中国民协中国起源地文化研究中心执行主任李竞生，宽城满族自治县文化和旅游局局长刘春鹏，北派酱香酒文化传承人、河北琢酒集团董事长张雅丽等出席了本次研讨论证会。中国起源地智库专家赖冬阳出席并主持了本次会议。

张旭、胡伟平、孙良迎等分别在答辩环节进行发言。结合各自领域并分别针对北派酱香酒文化起源地研究课题的申报及未来的发展提出建设性意见。

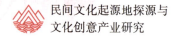
领导及专家学者分别对申报单位承德宝琢酿酒有限公司对当地的文化发展和经济发展所做的努力和贡献给予肯定。对北派酱香酒文化产业提出了殷切希望，勉励科学创新发展，做当今经济形势发展和文化发展的"先锋队"，追求自身的品牌价值。经过北派酱香酒文化起源地研究课题组专家们研究讨论，形成评审意见。

三、北派酱香酒文化起源地研究课题成果转化与文化产业实践

河北琢酒集团以北派酱香酒文化起源地研究成果为支撑，坚持守正创新，推动融合纵深发展，强化互联网思维和文化与科技相融合的发展理念，在品牌活动、研学旅行、品牌文化、营销体系、公益事业、科技研发等板块做了大量探索工作，并取得众多造福社会、服务大众的重要成果。

（一）北派酱香酒品牌文化建设

河北琢酒集团以"产品未动、文化先行"的发展理念为支撑，为助力脱贫攻坚和乡村振兴，全面构建小康社会贡献力量，在积极践行社会责任的同时，树立了"以人为本、追求卓越"的良好形象。在大力开展各类社会公益活动的实践中，通过"琢阅书屋、琢韵广场、琢悦跑团、琢越小主播、琢悦中国梦春晚、琢悦生活馆"等文化系列，总结梳理并创新了"琢文化＋"的品牌矩阵，形成了具有鲜明特色的企业文化 IP。

近年来，河北琢酒集团通过技术创新、质量建设、产业扶贫、公益行动及开放监督通道、理性饮酒文化推广等品牌价值的输出，已逐

渐成为承德的一张名片，先后荣获河北省著名商标、河北省优质产品、河北省重点农业产业化龙头企业、河北省民族团结进步模范集体、承德市政府质量奖等荣誉称号，并通过 ISO 9001 质量管理体系、危害分析与关键控制点 (HACCP) 体系认证、ISO 14001 环境管理体系认证、ISO

琢悦生活馆

45001 职业健康安全管理体系认证及国家生态原产地认证。

（二）打造文创 IP，"中华源字号"标识北派酱香源贡酱酒

北京大学陈少峰教授说过：文创产品还有"好用"的一面。文创领域的"好用"是指好看又好用。好用就是文创产品融入生活，既是文创产品，也是生活用品或者实用的装饰品。消费者需要时时感受到美，同时也需要实用。2017 年，起源地商贸（北京）有限公司授权承德宝琢酿酒有限公司使用"源贡"商标和"中华源字号"标识，打造"源贡酱酒"，倡导"健康饮酒、文创生活"。2017 年 12 月 18 日，在北京大学举办的第四届中国起源地文化论坛上，"中华源字号"标识源贡酱酒正式发布。

（三）开展研学板块，策划、建设满族民俗文化博物馆、起源馆

河北琢酒集团以发展酒文化、民俗文化以及工业旅游体验示范为

引领，通过酒文化旅游产业的产业构架、文化整合、民俗体验多元化业态，从酒之源、酒之史、酒之文、酒之工、酒之规、酒之道、酒之颂、酒之景这几方面对琢酒进行描述，带领游客了解酒文化发展历史，感悟酒文化的博大精深，徜徉酒文化之旅，打造研学体验营地聚集区。基地共包含北派酱香型白酒酿造工艺、洞藏文化、封坛礼仪、小酒馆酒道表演、满族文化博物馆五部分。

宽城满族民俗文化博物馆由承德宝琢酿酒有限公司策划打造，是北派酱香酒文化研究课题成果的创造性转换、创新性发展又一阶段性成果。该馆于 2017 年 7 月正式开馆运营，位于琢酒工业园区内，共收集整理了当地以满族文化为代表的民居工艺、生产生活、礼仪俗规、文献典籍、红色军旅等文物 3000 余件。藏品集艺术性、赏鉴性和教研性于一体，涵盖了满族文化、红色文化、抗战文化、庄头文化、酒文化、农耕文化、桑蚕文化、契丹文化、御道文化，是华北地区最大的满族民俗博物馆。

博物馆以抢救性保护、收藏、陈列、研究和传承展示为宗旨，具有文物类别多样性、藏品文化价值集中性的特点。精美的传统镂花木雕、考究实用的多型的铁

2018 年 5 月，中国民协中国起源地文化研究中心联合中国西部研究与发展促进会、中国文联民间文艺艺术中心、中国民协中国建筑与园林艺术委员会、承德宝琢酿酒有限公司在河北宽城开展党建交流活动。图为在承德琢酒工业园区宽城满族民俗文化博物馆内调研

器、保存完好的纸质官契文书等文物藏品，从不同层面反映了当地满族在不同历史时期的艺术、审美、劳动、习俗等历史风貌。其中红色军旅系列客观、具体地反映了当地艰苦卓绝的抗战历史，为红色文化遗产增添了重要内容。

经过多年的收集、修缮和功能性开发整理，目前宽城满族

青少年在满族民俗文化博物馆进行研学活动

民俗博物馆具备的文物价值、规模、数量已成为华北地区乃至全国满族文化交流与融合的历史见证，形成了独特的满族文化基因库和标本群，是当地传承、发展文化事业与文化产业的文物示范基地。

2020 年 11 月，河北琢酒集团被承德市教育局确定为"承德市首批中小学生研学行实践教育基地"。

（四）北派酱香，承德琢酒成为文化和科技互融互通的示范和代表

河北琢酒集团是一家专注于北派酱香酒酿造与研发为一体的白酒企业，是文化和科技互融互通的典型示范和代表。多年来通过理论创新、工艺改革、技术对标形成了我国北派酱香独立制菌、制曲的生产实践基础。2018 年，为保证进厂原料和出厂产品质量，河北琢酒集团投资 2000 多万元建设了产品检测检验公共服务平台，经专家验收合格投入使用。通过购置液相色谱仪、气相色谱仪等 150 多台（套）大中型设备，建成了产品研发、检验检测实验室，实现了对酒醅、原酒、

北派酱香研究中心

高粱、小麦、大曲、山泉水、矿泉水、稻壳、酒糟等 11 类 80 个参数的试验。保证了集团从质量标准的制定到原辅料、半成品、成品、包装材料的全过程检验检测，对原料、水质，以及曲种微生物菌群分选、培育、繁殖有重要意义，对新产品的开发、科研、创新起到重大推动作用。先后同河北民族师范学院、天津科技大学、北京科技大学建立校企合作关系，成立了"北派酱香研究中心"，开展功能微生物菌种、酿造关键技术等多个研究项目，取得国家专利23 项，为酒质的提升、新产品的开发提供了技术支撑和保障。

（五）打造品牌活动，传承发展北派酱香酒文化、满族文化

至今，河北琢酒集团已成功举办六届酒文化节暨封藏大典和五届满族文化节暨颁金节文化活动。吸引了众多游客包括海外友人前来观光、体验，为全国带来了一场场别出心裁的文化大餐，为承德市打造了一张张响亮的文化名片，为宽城县带来了一个个产业发展新契机。

2016 年 9 月，北派酱香封坛大典在承德琢酒工业园区内举办

北派酱香封坛大典

满族文化节暨颁金节四十九道馔

（六）传承北派酱香酒文化精髓，投身公益事业

河北琢酒集团生产用的原粮主要是高粱，2018 年结合宽城县实际情况，开展以特色产业增产，经营主体增效，农民增收为特色的"企业 + 合作社 + 种植户"的订单式生态有机高粱种植项目。种植生态有机高粱 1000 亩，实现种植户人均收入增加 800 元，助推了当地农业种植转型，助力农民增收。2020 年引入河北省农林科学院、河北民族师范学院的技术力量，通过合作种植，企业提供种子肥料，托底收购，河北省农林科学院、河北民族师范学院提供技术服务，对高粱种植基地从播种到收割进行全方位监测和指导，为农业产业结构调整和脱贫攻坚作出巨大贡献。

将文化节庆活动与市场营销巧妙融合，以文化赋能琢酒产品，以活动促进宣传推广，累计投入资金 500 余万元支持开展社会各项公益事业和文体活动，大力弘扬满族文化，得到社会各界的一致好评，获得了良好声誉。有计划，有步骤举办"琢酒文化节""头魁酒祭祀大典""端午文化节""七夕文化节""重阳文化节""琢悦（越）中国梦春晚"等琢酒文化传承系列活动，营造琢酒文化社会氛围。为助力国家脱贫攻坚战略，支持县文艺事业的发展，帮助省级非遗"大口落子"戏剧更好地传承和发展，2019年原创排演了大口落子《琢悦村》现代评剧。该剧得到了中国评剧院赵甲申老师、孔庆玉老师和高闯老师的大力支持，目前《琢悦村》已经作为宽城县"文艺下乡"活动在各乡镇巡演。

以"琢"文化为中心，积极参与社会公益事业活动。2017年琢酒集团积极响应政府"全民阅读"、建设"书香校园"的号召，捐资为宽城县第三小学、孟子岭中心校、板城中心校建设"琢阅书屋"，丰富了学生的阅读资源，打造"琢悦春晚""琢越小主播""好歌细琢"等诸多教育、文娱公益事业，每年在社会慈善、助教助残、关爱孤寡老人、体育赞助等事业方面投入1000多万元，特别是2020年新冠肺炎疫情期间，为1000多位支援武汉的医护人员每人赠送1瓶专属定制酒和2件琢酒产品，捐款捐物总价值达600余万元。2021年高考结束后，注资100万元成立"琢爱基金"，资助贫困学生，只为让孩子们少吃点苦，让更多寒门学子有学上！

以体育运动为载体助力全民健身，支持承德马拉松运动协会辛科安极限挑战公益跑，赞助承德市篮球联赛、足球联赛、乒乓球联赛等大型体育赛事，"琢酒

"琢酒逐梦·皇家奔跑"辛科安奔跑挑战赛

杯"徒步、广场舞、门球等系列体育活动不断开展，积极推动全民参与健身运动。与琢悦跑团合作开展"你跑步，琢酒为你献爱心"活动，达到跑步要求的，企业就替跑步者捐赠一元钱进入爱心公益组织固定账户，爱心捐款全部用于疾病患者、孤寡老人和留守儿童等方面的救助。通过"我跑步，琢酒替我献爱心活动"累计捐出 6 万多元，"百日筑基"活动已开展至第 6 期，真正实现了百人规模的百日跑活动，周末集体跑活动已轻松突破百人。用实际行动践行着"不忘初心、牢记使命"的伟大实践，到处体现

琢悦书屋

大口落子《琢悦村》现代评剧

着正能量，实践着新时代的发展理念。

至今，河北琢酒集团完成了几十项公益项目，得到了社会大众、政府部门、行业协会的一致赞赏。这一件件动人事迹，是琢酒投身公益事业的缩影，更是承德琢酒集团爱家、爱社会、爱党、爱国的真实写照。

附　录

附录一　中国民间文化起源地研究课题申报流程

第一阶段：申报

（一）填写中国民间文化起源地研究课题项目申报书

1. 对申报项目的名称、申报者、申报目的和意义进行简要说明；

2. 对申报项目的历史、现状、价值和传播状况等进行说明；

3. 保护、传播计划：对未来三年的传播、保护和管理机制等进行说明；

4. 认真填写以上内容，内容属实。

（二）申报材料清单

1. 申报书；

2. 辅助文件，包括：

（1）申报项目的文字记载、史料等相关资料（出版物、音像资料）；

（2）申报项目的其他辅助材料。

（三）其他有助于说明申报项目的必要材料

第二阶段：初步审核

（一）对该项目的申报书及申报材料进行初步审核

（二）对该项目的初步审核的结果在 5 个工作日内告知申报单位

或申报人

第三阶段：调研

（一）对该起源地文化研究课题申报项目组织相关专家进行实地调研

（二）将该起源地申报项目的实地调研过程进行记录，并签署专家调研意见

（三）根据调研实际情况，专家签署调研意见书。对可成立专项研究课题的，签署课题委托协议书；不予成立课题的书面告知申报单位

第四阶段：课题研究

（一）课题开题

（二）成立专项课题组

（三）组织专家研讨

第五阶段：课题评审

（一）申报单位代表进行现场答辩

（二）专家评审并签署意见

（三）对课题研究成果进行发布

第六阶段：知识产权保护

研究成果将向中国版权保护中心申请登记，并取得由中华人民共和国国家版权局统一印制的证书。

第七阶段：《中国起源地文化志系列丛书》出版

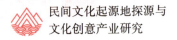
附录二　中国民间文化起源地研究课题项目申报书

报项目代码：_____

年度民间文化起源地研究课题项目

申报书

申报项目类别：_____

申报项目名称：_____

项目所在地域：_____

年　　　月　　　日

第一章　基本信息

属　　地		申报名称	
申报单位		负 责 人	
通信地址		邮　编	
电　　话		传　真	
电子信箱			
所在区域及其地理环境			

第二章　申报项目说明

类 别		代 码	
区域			
基本内容			
历史来源			
文化价值			
发展现状			
发展规划			

第三章　申报项目管理情况

管理组织	组织名称		责任人	
	通信地址		邮　编	
	电　话		传　真	
	电子信箱			
资金投入情况				
已采取的保护措施				

第四章　申报项目的保护与传播计划

保护内容			
传播计划			
三年计划	时间	措施	预期目标
保护措施			
宣传计划			
建立机制	在实施三年保护传播规划中，重点抓好：（一）有保护规划；（二）有保证措施；（三）有领导分管；（四）有直接责任人；（五）有资金保障；（六）有传播计划		
经费预算及其依据说明			
备注			

第五章　申报推荐单位

申报单位意见	
	签字（盖章）
推荐单位意见	
	签字（盖章）

填表注意事项

位置	序号	项目	填写要求
封面	1	申报项目类别	（一）民间习俗；（二）节庆节日；（三）民间文化艺术；（四）民间技艺、传承人、创始人；（五）农耕文化；（六）地名；（七）民间文化品牌；（八）综合类
	2	项目申报名称	根据实际申报项目进行填写
	3	项目所在区域	详写至街道或乡镇
第一章	4	属地	填写申报项目所在的县级行政区
	5	申报名称	根据实际申报项目进行填写
	6	申报单位	申报项目的主体
	7	负责人	负责人应为申报单位的法定代表人、主要管理者、主要负责人，负责人填写的信息应与身份证信息一致
	8	通信地址	地址请尽量写详细，省、市、区、县、街道、门牌号、楼号（单元）号、楼层号、室号应写齐，不可省略
	9	邮编	申报者所在区域邮政编码
	10	电话	申报者和负责人电话
	11	传真	申报者和负责人传真
	12	电子信箱	申报者和负责人电子信箱
	13	所在区域及其他地理环境	所在地理位置，气候、土地、河流、湖泊、山脉、矿藏以及动植物资源等地理环境

位置	序号	项目	填写要求
第二章	14	类别	请参见对第 1 项"申报项目类别"的要求
	15	代码	无需填写
	16	区域	详写至街道或乡镇
	17	基本内容	申报项目的经济、文化、发展理念等多角度进行基本情况介绍
	18	文化价值	申报项目文化的重要意义和重要价值
	19	历史来源	根据文字记载史、考古发掘、重大发现、口述史、其他依据等资料来填写
	20	发展现状	申报项目目前发展情况介绍
	21	发展规划	申报项目未来发展规划介绍
第三章	22	组织名称	实施管理本项目的单位全称
	23	责任人	是本申报项目的负责人
	24	通讯地址	请参见对第 8 项"通讯地址"的要求
	25	邮编	组织单位所在区域邮政编码
	26	电话	组织单位和责任人电话
	27	传真	组织单位和责任人传真
	28	电子信箱	组织单位和责任人电子邮箱
	29	资金投入情况	个人、团体、政府、企业等对本文化项目的资金投入情况
	30	已采取的保护措施	个人、团体、政府、企业等对本文化项目进行挖掘、传承、梳理等采取保护措施的情况
第四章	31	保护内容	对本文化项目采取的各项保护内容
	32	传播计划	对本文化项目采取的传播计划
	33	三年计划	未来三年内所计划规划的产业、宣传传播、活动、园区建设等计划
	34	保护措施	对本项目采取的保护措施
	35	宣传计划	对本项目采取的宣传计划
	36	建立机制	对本项目机制建立情况介绍
	37	经费预算	对本项目投入经费预算与计划
第五章	38	申报单位意见	申报单位意见、签字盖章
	39	推荐单位意见	申报单位为企业和个人的应由属地主管单位填写推荐意见并盖章，申报单位为政府部门、事业单位、行业协会的由起源地文化传播中心填写推荐意见并盖章

附录三 《起源地文化保护研究与发展专项基金管理办法（草案）》

总则

第一条　为了保证专项基金健康发展，加强和规范专项基金设立的组织和活动，维护专项基金、捐赠人和受益人的合法权益，促进社会力量参与公益事业，根据《中华人民共和国慈善法》、国务院《基金会管理条例》和《基金会专项基金管理办法》等有关规定，制定本实施办法。

第二条　设立专项基金的宗旨是：宣扬社会主义核心价值观，以传承正能量文化为已任，体现中国文化起源地的价值与意义。

第三条　专项基金募捐与使用基本原则：自愿捐赠、专项管理、公开透明。

第四条　起源地文化保护研究与发展基金设立期限为 10 年，到期后可视公益发展需要延续设立或终止。

第五条　起源地文化保护研究与发展基金必须遵守国家法律法规和社会道德规范。由起源地文化保护研究与发展专项基金向国内外热心于支持社会公益事业的单位、团体、组织和个人募集其自愿捐赠的资金及有形资产。

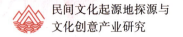
基金的来源与使用

第六条 基金的来源

1. 接受社会发起人自愿捐赠的人民币壹佰万元整,作为本专项基金的启动基金。

2. 在符合本专项基金宗旨与该专项基金管理办法的前提下,接受各方组织和社会各界人士的捐赠。

3. 专项基金接受捐赠,由专项基金的主管基金会向捐赠人开具由财政部门统一监(印)制的公益事业捐赠票据。捐赠票据应载明捐赠人、捐赠财产的种类及数量、基金会名称和经办人姓名、票据日期等。捐赠人匿名或者放弃接受捐赠票据,专项基金需做好相关记录。

4. 接受数额较大的捐赠,与捐赠人签订书面捐赠协议,但捐赠人表示不签订的除外。接受数额较小的捐赠,捐赠人要求签订书面捐赠协议的,应与捐赠人签订书面捐赠协议。

第七条 基金的使用原则

1. 必须符合本专项基金宗旨的原则。

2. 非营利性原则。

3. 从事公益活动原则。

4. 所有公募款项定期公示,接受社会监督的原则。

第八条 基金的使用

1. 起源地文化保护研究与发展基金的使用必须符合本专项基金的宗旨,任何单位和个人不得因任何理由挪作他用。

2. 专项基金使用范围：

（1）与起源地文化产业相关的活动和执行；

（2）宣传、号召全民参与关注起源地文化产业的发展；

（3）探索起源地如何全方位赋能发展；

（4）积极促进各个行业与起源地旅游行业的深度接合；

（5）配合"起源地"体验中心和研学游行综合实践教育基地开展各种宣传推广活动；

（6）组织相关非遗传承人深入起源地开展主题非遗展与文创展等公益活动；

（7）策划、组织相关起源地打造"起源馆"，点亮网红夜生活；

（8）助力非遗传承人转变技艺运营模式，挽救濒临失传的非遗技艺；

（9）组织各类非遗展和民间文化艺术展览，宣传推广非遗技艺；

（10）其他相关的项目和社会公益活动。

组织机构

第九条　设立起源地文化保护研究与发展专项基金管理委员会

1. 起源地文化保护研究与发展专项基金管理委员会（以下简称管委会）是专项基金的决策与执行机构，负责本专项基金的资金筹集、管理和使用，以确保资助管理工作规范有序地开展。

2. 管委会重要工作由管委会全体成员投票表决，实行民主集中制，少数服从多数。管委会决议应经超过二分之一参会管委会成员表决通过，管委会日常工作由执行主任、副主任分工负责。

3. 基金会和社会发起人共同派员组成专项基金管委会，本专项基金由基金会曲云华同志总体负责，副主任若干名，顾问若干名，副主任聘请行业有影响力的领导、专家、学者担任，委员若干名，管委会秘书处负责专项基金的具体事务的开展及项目管理和承办工作。

管理委员会成员之隶属关系：

管理委员会成员分别与发起方建立劳动、劳务或其他法律关系，不因履行本合同而与中国民族文化艺术基金会或起源地文化保护研究与发展专项基金建立任何劳动、劳务或其他法律关系，发起方履行本协议。

1. 起源地文化保护研究与发展专项基金管理委员会成员应严格遵守国家法律法规及甲方制定的《专项基金管理办法》和《项目管理办法》等有关规定。

2. 起源地文化保护研究与发展专项基金所募资金应全部汇入指定的全国统一银行账号。

第十条 管委会的职责

1. 向基金会做年度工作计划及年终总结报告；

2. 与基金会共同制定专项基金的管理规则；

3. 根据计划及法规要求决定专项基金的筹集和使用方向；

4. 管委会向基金主管单位提交年度募集计划书中，每年度募集的资金不得低于人民币 50 万元；

5. 审议和批准专项基金的年度预算和资助计划；

6. 与主管基金会协同安排对专项基金进行年度财务审计；

7. 其他需要管委会决定的事项。

第十一条 专项基金管委会会议不定期召开，会议由管委会主任负责召集，须有 2/3 以上管委会成员出席才能形成决议，并报主管基金会批准后实施。

起源地文化保护研究与发展基金项目的实施：

第十二条　起源地文化保护研究与发展基金项目经主管基金会批准后实施，具体实施程序为：

1. 管委会开展专项基金公益项目时，应向基金会项目管理部门提交专项基金、公益项目申请书、项目计划书、预算方案、实施方案等资料；

2. 基金会项目管理部门经初步审查并提出意见后报主管基金会理事长办公会议审批；

3. 经主管基金会审批通过的专项基金公益项目，由管委会按审批方案实施和执行公益项目并向基金会报告项目执行情况；

4. 管委会应于每个公益项目完成之日起 30 日内向基金会项目管理部门提交项目报告书（包括项目评估报告、项目实施情况、资金使用管理情况、宣传推广情况、项目收支明细表、受赠人受赠明细表等）。

起源地文化保护研究与发展基金的财务管理

第十三条　主管基金会于基本账户中设立起源地文化保护研究与发展专项基金的财务子科目，实行单独列账、专款专用。

第十四条　专项基金正式设立后，管委会应积极开展工作，筹集资金，保持公益项目资金使用的合理存续量，以保障公益项目的正常运行。

每年年中及年末主管基金会与专项基金共同出资委派专家委员会领导和财务人员对专项基金运营状况进行检查并出具报告。第一年不

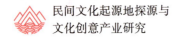
能达到计划募集资金，提出警告；如连续两年不能达到计划募集资金，基金会有权撤销专项基金。

第十五条 专项基金使用

1. 基金会财务部门根据项目管理部门及理事长办公会议审批通过的公益项目申请书及项目承办协议、项目开支申请单，及时将公益项目款项拨付给受助方或承办方。

2. 专项基金公益项目的承办方或受助方，收取或接受项目款项或受助款时，应同时为主管基金会开具合法合规的财务票据。

3. 专项基金公益项目完成后，由管委会向基金会财务部门提交公益项目受赠方签署确认的受赠明细财务报表。

4. 专项基金使用情况，由基金会财务部门制作相关账表，必要时可由审计机构进行专项审计。

5. 为本专项基金捐赠的款项及物品中：首次捐赠金额的95%款项作为专项基金公益支出，剩余款项5%作为甲方的管理经费；至第二次捐赠后所有捐赠的97%款项均可作为该专项基金公益项目支出，剩余款项3%作为甲方的管理经费。

6. 专项基金的验资费、审计费等费用，经审核同意后可以在专项基金中据实列支。

7. 起源地文化保护研究与发展基金每年结余的款项，结转入下一年度专项基金账户中。

专项基金的启动与终止

第十六条 专项基金的启动

1. 捐赠方应向基金会提出建立专项基金的书面申请，得到基金会认可，在双方同意的实施细则和办法未确定前，双方任何一方都不得使用基金会名称和专项基金名称到社会上募集资金以及动用专项基金。

2. 捐赠方须提供本专项基金实施细则和办法，并得到双方同意，该实施细则和办法需得到双方法人的确认。

3. 捐赠方应向基金会提供营业执照、法人登记证等有效相关证明材料和文件。

第十七条　专项基金于发生以下情况之一时关闭：

1. 设立使命已完成；

2. 专项基金存续期限到期；

3. 专项基金存续量连续三个月低于 50 万元人民币（含）；

4. 专项基金连续两年不能达到计划募集资金要求，基金会将提出最终警告，并给予三个月的最终整改期限，如还未能如期完成任务，专项基金终止；

5. 专项基金经各方协商一致而终止；

6. 专项基金捐赠人或社会发起人出现违约、违法等行为，基金会决定关闭；

7. 专项基金实施过程中因违法、违规被有关部门责令停止；

8. 专项基金因法律、法规、政策的变更或主管部门命令等原因而关闭；

9. 专项基金因其他原因关闭。

第十八条　专项基金关闭清算

1. 基金会于专项基金关闭决定生效之日起 15 个工作日内组成专项基金清算组，清算组由基金会负责，并由社会发起人或捐赠人参加；

2. 清算组成立后 10 个工作日内，委托具有合法资质的审计机构对专项基金进行审计，并公开发表审计结果；

3. 专项基金关闭清算完成后剩余的款项、财物、债权或其他权益由基金会享有，并用作其他非指向公益项目使用；

4. 基金会于专项基金关闭、清算完成之日起 10 个工作日内于本会网站或以法定媒体形式发布公告。

第十九条 自专项基金关闭决定生效之日起，捐赠人、社会发起人或其他任何相关主体不得再以专项基金的名义进行任何活动。

法律责任

第二十条 专项基金执行和实施过程中，基金会有权对专项基金的使用情况进行监督、检查并提出意见，对所存在的违法、违规行为有权及时予以制止和整改，直至移交有关部门或提起法律诉讼。

附则

第二十一条 1. 本办法在运作过程中根据实际情况进行必要修改；

2. 本办法自启动基金打入指定账户之日生效。

参考文献

［1］冯骥才.中国民间文化遗产抢救工程档案 2001—2011［M］.西宁：宁夏人民教育出版社，2015.

［2］蒲娇，唐娜.冯骥才：传统村落保护话语［M］.天津：天津大学出版社，2020.

［3］陶立璠.民俗学［M］.北京：学苑出版社，2018.

［4］中国传统村落保护研究中心.中国传统村落立档调查田野手册［M］.北京：文化艺术出版社，2014.

［5］冯骥才.中国木版年画集成［M］.北京：商务印书馆，2012.

［6］冯骥才.中国民间文化遗产抢救工程普查手册［M］.北京：高等教育出版社，2003.

［7］中国民间文艺家协会.中国民间文艺家协会 70 年发展史［M］.北京：学苑出版社，2020.

［8］冯骥才.家底——传统村落保护［M］.北京：文化艺术出版社，2016.

［9］知识产权法：实用版法规专辑（新 6 版）［M］.北京：中国法制出版社，2019.

［10］［英］迈克尔·乔伊斯.走进知识产权［M］.曾燕妮，池冰，许晓昕，等译.北京：知识产权出版社，2020.

［11］陈少峰.文化产业战略与商业模式［M］.长沙：湖南文艺出版
社，2006.

［12］陈少峰.文化产业读本［M］.北京：金城出版社，2009.

［13］杨旦修.文化与科技融合的产业化路径及其影响研究［M］.昆
明：云南大学出版社，2015.

［14］陈少峰，黄向军.移动互联网时代文化产业商业模式［M］.北
京：电子工业出版社，2019.

［15］方力，伊彤.文化科技蓝皮书：北京文化科技融合发展报告
（2019—2020）［M］.北京：社会科学文献出版社，2020.

［16］中国电子技术标准化研究院，等.中国数据中心发展蓝皮书
［M］.北京：电子工业出版社，2019.

［17］中国电子技术标准化研究院，全国信息技术标准化技术委员
会.信息技术标准化指南［M］.北京：电子工业出版社，2019.

［18］潘君瑶.从文化资源到文化品牌［M］.成都：四川大学出版社，
2018.

民间文化起源地探源工程是"中国民间文化遗产抢救工程"的重要组成部分，该工程梳理民间文化起源地各类物质、非物质文化样式的起源和发展，对各种文化样式的历史溯源、地理环境、发展脉络、时空传播、资源特色、民俗特征、品牌成长等进行系统挖掘整理，以民间文化起源及其生长、发展、演变为核心，通过组织相关学科专家学者开展实地田野考察、综合史料典籍加以分析，形成科研成果报告，并对民间文化起源地的保护、传承、产业发展提出大量切实可行的建议，具备科研、科普、教育、收藏价值，可为地方文化产业发展、知识产权保护提供思路和案例，为区域经济社会发展和城市建设提供参考。在民间文化起源地探源工程实施过程中，我们在国内各相关学科专家学者组成的专家智库的指导下，理论结合实际，推出了这本专著作为这项工程的一个组成部分，也是对整个工程所做的理论思考、学术探索和社会实践的一个系统梳理。

本书得到了民间文化起源地研究课题组专家悉心指导。北京大学陈少峰教授、北京师范大学万建中教授等著名学者对本书提出了宝贵意见和建议。同时，本书征求了一些民间文化、地域文化、文化产业领域的学者以及地方从事文化创意产业实践的同志们的意见，并采纳了很多好的建议。唐磊负责全书的摄影、图片编辑加工等大量工作。在此，谨向大家表示衷心感谢！

本书由刘德伟拟定提纲，并撰写第一、二、三（部分）、四（部分）、五（部分）、七（部分）、八（部分）章节，李竞生撰写第三（部分）、四（部分）、五（部分）、六、七（部分）、八（部分）章节，全书由刘德伟统稿。

本书旨在对民间文化起源地的研究、保护和创造性转化、创新性发展作出理论思考和实践指导。由于作者的水平所限，不足之处，敬请广大读者批评指正。

愿我们一起继续研究、梳理中国起源地文化，传播、发展中国起源地文化，讲好中国起源地文化故事，为中华优秀传统文化的传承发展不断作出新贡献。

刘德伟　李竞生

二〇二一年二月